영적 일기의
비밀

Secret of Spiritual Diary

영적 일기의 비밀

김예닮 지음

야훼께서 모세에게 이르시되 이것을 책에 기록하여 기념
하게 하고 여호수아의 귀에 외워 들리라(출17:14)

| 차 례 |

들어가는 글

영적 일기의 7가지 유익과 놀라운 은혜체험

1. 영적 일기는 주님과의 대화를 유도한다. _ 15

2. 영적 일기는 성령님과의 깊은 교제를 통해 성령의 은사와 열매를 맺게 한다. _ 31

3. 영적 일기는 전도의 열매를 맺게 한다. _ 57

4. 영적 일기는 감사의 믿음생활을 유지시켜준다. _ 83

5. 영적 일기는 예수님을 닮아가는 중보자로서의 역할을 감당하게 한다. _ 111

6. 영적 일기는 회개와 신앙의 고백을 통해 날마다 성숙한 크리스천이 되게 한다. _ 127

7. 영적 일기는 후손들에게 물려줄 최고의 유산이다. _ 133

마치는 글

들어가는 글

들어가는 글

 10년 전 저는 모든 것이 절망적인 상황에서 극적으로 하나님을 만나게 되고, 성령의 체험까지 하게 되었습니다. 그리고 성령의 인도 하심으로 1998년 7월부터 기도일기를 쓰기 시작하였습니다. 성경에는 하나님께서 우리에게 행하신 일들을 "책에 기록하여 기념하게 하라"는 말씀이 나옵니다. 저는 그 말씀을 붙잡고 지금까지 매일같이 기도문을 일기로 적어왔습니다. 그로부터 꼭 10년이 지난 지금 제가 쓴 기도일기를 되돌아보니 하루하루가 성령님과 동행한 나날이었다는 것을 깨닫게 되었습니다.

 우리 가족은 지난 10년 동안 이사를 무려 여덟 번이나 옮겨 다녔습니다. 그러나 하나님의 도우심으로 기도 일기책이 한 권도 분실되지 않았습니다. 마치 2천 여년의 세월이 지나서 세상

빛을 보게 된 사해동굴의 성경사본과 같이 지금도 펼쳐볼 때마다 삼위일체 하나님의 역사 하심에 그저 감격하여 감사의 눈물만 흘릴 뿐입니다. 저는 이 기도일기를 영적 일기 또는 영의 일기라고 부릅니다. 세상적 일기는 자기 혼자서 써 내려간 것이지만 이 기도의 일기는 성령님과 함께 써 내려간 것이기 때문입니다.

저는 이 영적 일기를 써 내려가면서부터 성령님의 음성을 듣는 법을 훈련받았으며, 그분을 더욱 의지하게 되었습니다. 성령님은 우리의 연약함을 체휼하시며 하나님의 가장 깊은 것이라도 통달하시는 분이십니다. 영적 일기는 내 맘의 소원과 간구를 글로 적어 내려감으로써 강력한 4차원의 믿음의 법칙을 최대한 적용할 수 있습니다. 나의 신앙의 과거와 현재 그리고 장차 다가올 미래의 모습을 그려볼 수가 있으며 그것이 현실화되어가는 모습을 볼 수가 있습니다.

하나님께서는 우리에게 말씀하고 계시며, 우리가 영적인 세계의 비밀을 날마다 더 알아가기를 원하고 계십니다. 성경에는 "너는 내게 부르짖으라 내가 네게 응답하겠고 네가 알지 못하는 크고 비밀한 일을 네게 보이리라"(렘 33:3)고 기록되어 있습니다. 영적인 비밀을 알고자 부르짖으며 기도하는 사람들에게 하나님께서는 반드시 우리가 듣지도 못하고 보지도 못했던 일들을 알려주십니다. 지금도 살아서 역사 하시는 하나님의 말씀인 성경이 3차원적인 눈으로 바라보면 무슨 말인지 깨닫지 못하고 의미를 알 수 없는 비밀투성이의 책 같지만 4차원의 영의 눈으로 바라보게 되면 그 의미가 알아지듯이 영적 일기도 간절함과 사모하는 마음을 가지고 쓰다 보면 하나님께서 놀라운 은혜를 내려 주십니다.

저는 이 책을 통하여 많은 분이 영적 일기에 대해서 도전을 받고 또한 동참하기를 기도하고 있습니다. 특히 저와 같은 위치에 계신 목회자의 사모님들 또는 주님 안에서 연단 받고 훈련 받아서 주님이 사용하기 원하시는 많은 성도 여러분이 종말로 치닫는 이 마지막 때에 영적으로 깨어 있어서 하나님의 나라와 그의 택하신 백성을 위해서 중보하시고 마귀들과의 영적인 싸움에 합세하시는 분들이 많이 나오게 되기를 소원합니다. 하나님은 우리의 기도를 기뻐하시며 또한 그 기도를 글로 적는 것을 더욱 기뻐하십니다.

전지전능하신 우리 하나님도 친히 기록을 하십니다. 출애굽기에는 하나님께서 친히 율법과 계명을 돌판에 기록하여 모세에게 주셨다고 나와 있으며, 요한계시록에는 하나님께서 구원받은 자들의 이름을 생명책에 기록해 놓으셨다고 나와 있습니다. 이와 같이 하나님의 기록 하심이 없었다면 우리는 성경을 통해 하나님의 말씀을 알 수도 없었고 또 그 하나님을 후대에 전하지도 못할 것입니다. 이런 맥락에서 영적 일기는 우리에게 매우 많은 의미를 부여해 주며, 저는 앞으로도 주님이 허락하시는 날까지 하나님께서 저에게 주신 은혜와 사랑을 기도 일기책에 적어갈 것입니다.

애초에 글의 방향이 영적 일기에 관한 예시와 쓰는 방법 그리고 신학적 고찰 등을 포함하려 했으나 간증위주의 글이 된 점에 대해서 조금 송구하게 생각합니다. 저는 이 책을 통해 이 땅 위의 많은 목회자의 아내들과 그와 비슷한 상황에 처해있는 분들, 특히 우울증으로 많은 고생을 당하시는 분들에게 조금이나마 위로가 되고자 하는 바램을 가지고 두서없이 써 내려간 것이기 때문에 내용이 조금 미흡할지라도 너그러이 읽어주시기 바랍니다.

아무쪼록 부족하나마 지금까지 영적 일기를 계속 쓸 수 있도록 인도하시는 성령님께 감사를 드리며, 이 책을 쓰는 동안 계속 기도해주고 많은 도움을 준 제 사랑하는 남편 이충근 목사님과 이 책을 펴낼 수 있도록 권면 하시고 기도로 도와주신 여러 많은 분에게 진심으로 감사를 드립니다.

2008년 5월 김예닮

영적 일기의
7가지 유익과
놀라운 은혜체험

1

영적 일기는 주님과의 대화를 유도한다.

1

영적 일기는
주님과의 대화를 유도한다.

1. 영적 일기를 쓰게 된 배경

제가 처음으로 기도문을 일기 형식으로 써 내려간 것은 지금으로부터 꼭 10년 전인 1998년 7월의 일이었습니다. 그 당시 우리 가족은 저와 제 남편 그리고 유치원에 다니는 딸 지연이와 아들인 상민이 이렇게 네 식구가 있었습니다 (지금은 막내가 태어나서 5식구가 되었음). 저와 제 남편은 교회를 정해놓고 다니지 못하고 이 교회 저 교회를 전전하며 다니는 미지근한 신자였습니다.

남편은 유교 집안에서 태어났지만, 시부모님이 아들을 교회부설유치원에 보낸 덕분에 어릴 때부터 장로교회에서 신앙생활을 시작했었고, 불교 집안에서 자란 저는 어릴 때부터 불상과 불경 읽는 소리가 너무 싫어서 21살 때 혼자 동네 성당에 나가 처음 하나님을 믿게 되었습니다. 저는 남편을 만나서 결혼할 때까지 성당에 다니면서 주일학교 교사로 열심히 봉사활동을 했습니다. 한때 예수님에 대한 사랑이 너무나 크고 감사해서 저는 수녀가 되어서 평생 결혼 안 하고 주님만 섬기며 살려는 생각도 가지고 있었습니다. 그러나 남편을 만나서 사랑하게 되고 결혼하여 어느덧 아이들을 키우면서 살아가는 주부가 되었습니다.

결혼하고 나서는 남편이 다니던 장로교회에 출석하기 시작했는데, 저희는 평소에는 세상적인 생활을 하다가 주일날에만 교회를 나가는 생활을 했습니다. 워낙 믿음이 없었던 터라 구원의 확신도 없었고 그런 것을 별로 중요하게 여기지 않았습니다. 그냥 잘 먹고 잘 살면 그만이라는 세상 사람들과 똑같은 사고방식을 가지고 살았습니다. 그러나 마음 한편으로는 왠지 모를 영적 공허함과 앞날에 대한 불안감이 자리를 잡고 있었습니다. 하나님께서는 그러한 저희 가정을 사랑하셔서 그냥 두고 보지 않으시고 당신의 뜻과 계획을 실행에 옮기고 계셨습니다. 하나님의 때가 되자 저희 가정에는 불같은 시험과 환란의 풍파가 불어 닥쳤습니다.

남편이 폐결핵을 앓다

먼저 남편이 직장 상사와의 갈등으로 인해 극도의 스트레스를 받자 시도 때도 없이 편두통이 찾아와 진통제 없이는 하루도 지내지 못하게 되었습니다. 그리고 서서히 입맛을 잃기 시작하더니 기침을 자주 해대고 허리의 통증이 시작되고 시도 때도 없이 고열이 올라서 괴로워하고 있었습니다. 처음에는 감기 몸살이려니 생각했었는데 한 달이 지나도 낫질 않아서 대학병원을 찾아가 진찰해 본 결과 폐결핵으로 판명이 났습니다. 설상가상으로 허리의 고관절에까지 결핵균이 침범해서 수술해야만 했습니다. 앞이 캄캄했지만 어찌 되었든 남편의 병부터 고쳐야 했기에 수술날짜를 잡고 막막한 마음으로 하루하루를 기다렸습니다. 가장이 아파서 누워 있자 살림은 말이 아니었습니다. 양식은 떨어져 가고 여기저기서 빚 독촉이 들어오자 저는 어떻게 살아가야하나 막막한 마음뿐이었습니다.

드디어 수술 날짜는 다가오고 대학병원에 입원해 있던 남편은 수술실로 들어갔습니다. 한 두 시간이면 된다던 의사 선생님의 말과는 달리 남편은 3시간이 지나도 나오질 않고 4시간이 지나도 안 나오고 5시간 반 만에 수술실에서 나왔습니다. 그만큼 남편의 상태는 심했었습니다. 의사 선생님 이야기로는 허리를 절개해보니 오른쪽 엉치뼈가 결핵균에 의해 썩어들어가서 왼쪽 엉치뼈를 잘라내어서 오른쪽에 이식하느라고 시간이 오래 걸렸다는 것이었습니다. 그 당시 에피소드가 있습니다. 남편이 수술실에서 나오기 바로 전에 수술을 받던 다른 사람이 흰 천에 덮인 채로 나왔습니다. 수술을 받다가 사망한 것이었지요. 저와 시댁식구들은 처음에 남편이 잘못된 줄 알고 소스라치게 놀랐었습니다. 그러나 사망의 음침한 골짜기를 헤매던 남편은 하나님의 도우심으로 무사히 수술을 마치고 회복을 기다리게 되었습니다. 지금도 남편의 허리 뒤에는 그때의 수술자국이 커다랗게 남아 있습니다.

우울증이 찾아오다

남편이 병원에서 어느 정도 회복이 되어서 퇴원을 하고 집에서 요양하고 있을 때 이번에는 다른 시련의 폭풍이 들이닥쳤습니다. 저에게 우울증이 찾아온 것이었습니다. 우울증이 찾아오게 된 이유는 무기력하게 누워있는 남편에 대한 야속함과 앞날에 대한 걱정 그리고 남편과 사소한 말다툼 끝에 그동안 참았던 스트레스가 폭발하면서 애꿎은 하나님을 입으로 부인하게 되었기 때문입니다.

저는 "하나님이 어디 있어? 하나님이 있다면 우리가 왜 이렇게 살아? 하나님은 없어!"라고 소리쳤습니다. 제가 하나님을 부인하는 말을 뱉자 그날 밤으로 귀신이 역사 하기 시작하였습니다. 우리 입술의 말은 너무나 중요합니다. 그나마 나약한 믿음을 통해 유지되고 있던 은혜의 끈이 제 말로 인해 끊어져 버리자 마귀가 얼씨구나 좋다 하고 제 안에 들어와 괴롭히기 시작했습니다. 밤이 깊었는데도 통 잠을 이루지 못하고 마치 가슴을 무거운 바위가 누르는 것 같았으며 숨을 내쉬기가 무척 힘이 들었습니다. 얕은 잠이라도 들라치면 무서운 형상의 마귀가 나타나서 가위에 눌리곤 하였습니다. 아침이 되면 겨우 눈을 뜨고 오늘 하루는 또 어떻게 때우나 하는 걱정과 두려움부터 생겨났습니다. 입맛도 없고 몸은 나날이 말라갔습니다.

하루에도 몇 번씩 어지럼증과 몸의 저체온증으로 싸늘히 식어서 시체처럼 쓰러져 괴로워할 때가 한 두 번이 아니었습니다. 그럴 때마다 남편은 자신도 온전치 못한 몸을 가지고 물을 떠다가 저에게 먹여주곤 하였습니다. 육신의 괴로움도 괴로움이지만 더 견디기 어려운 것은 내가 왜 이러고 살아야 하는지 삶의 존재 이유가 점점 희박해지는 것이었습니다. 병원에 가서 온갖 검사를 다 해 보았지만 아무 이상이 없게 나오고 나중에는 신경과 정신과에 가서 약도 타 먹어 보았지만 그 약을 먹는 날에는 더 증세가 심해져서 그야 말로 하루하루가 지옥과 같은 나날이었습니다. 아이들은 점점 더 커가고 남편은 몸이 아파서 무기력하게 누워만 있고 저는 두 아이를 유치원에 보내고 나면 온종일 방에 앉아서 눈물만 흘리고 있었습니다.

성령세례를 받다

그러던 어느 날 한 통의 전화가 걸려왔습니다. 제 작은 고모였는데 그 고모님은 여의도 순복음교회 목사님의 사모였습니다. 저희의 사정을 어떻게 들으셨는지 상황을 대충은 알고 계신 듯 고모는 다짜고짜 교회로 오라고 하셨습니다. 교회에 나와서 하나님께 간절히 부르짖으면 하나님께서 몸도 치료해 주시고 물질도 채워 주신다면서 지금 당장 교회에서 만나자고 하셨습니다. 우리는 무엇에 홀린 듯 아무 생각 없이 택시를 집어타고 여의도순복음교회 십자가탑 앞에서 내렸습니다. 고모가 미리 기다리고 계시다가 택시비를 대신 지불하였습니다. 우리는 초췌한 몰골로 고모님의 인도를 받아 교회계단을 올라가 대성전에서 예배를 드리고 예배 후에 교구사무실로 가서 안수기도도 받았습니다. 고모님은 어떤 목사님에게 제 기도를 부탁드렸는데, 저는 그 목사님의 성함도 모르고 단지 이마에 콩알만한 점이 있었다는 기억밖에는 나질 않습니다. 그 목사님은 저를 위해 간절히 기도해 주셨습니다. 그 목사님은 저에게 붙어 있는 우울증의 귀신을 꾸짖고 안수기도를 해 주셨는데 신기하게도 저는 한결 숨쉬기가 부드러워진 것을 느꼈습니다.

저와 남편은 그 후로 교회에 계속해서 나가게 되었습니다. 딱히 집에서 할 일도 없고 뭔가 우리에게 좋은 일이 일어날 것 같은 마음에 수요예배와 그다음 주일 예배를 드리고 다시 돌아오는 수요예배시간에 통성기도를 하던 중 저는 놀라운 은혜를 체험하게 되었습니다. 말로만 듣던 성령세례를 받았던 것입니다. 전에 지역장님이 "성령의 세례받기를 간구하라"고 했던 말이 기억납니다. 성령의 세례를 받으면 입에서 방언이 표적으로 나온다는 소리를 듣기는 했지만 실제로 나에게 그러한 일이 벌어지리라고는 상상도 못했습니다.

조용기 목사님의 설교 말씀을 듣고 기도시간에 주님의 이름을 세 번 부르고 통성으로 회개기도를 하던 중 갑자기 혀가 말려들어 가면서 방언이 터졌습니다. "라라라라라…" 제 입에서는 쉴 새 없이 알아들을 수 없는 방언이 나오고, 하나님의 은혜가 임하자 제 의지와 관계없이 눈에서는 눈물이, 코에서는 콧물이 주체 없이 흘러나왔습니다. 회개가 터져 나오면서 하나님을 입술로 부인했던 것과, 남편을 미워하고 원망했던 것, 그리고 그동안 체험하지 못했던 하나님이 살아계심과 그분이 바로 제 곁에서 저를 위로해 주신다는 느낌이 강하게 들었습니다. 하나님은 정말로 살아계시고 너무나도 좋으신 분이시라는 것이 마음으로 느껴졌습니다. 약 한 시간쯤 지나자 방언기도가 그치고 집에 가려고 일어선 저는 몸이 깃털처럼 가벼워졌음을 느꼈습니다. 불 같은 성령이 임하자 우울증의 귀신이 즉시 쫓겨나간 것입니다. 할렐루야! 주님을 찬양합니다. 남편은 저를 보고 제 얼굴이 마치 해와 같이 밝게 빛이 난다고 말했습니다. 너무나도 신기하고 놀라운 일이었습니다. 마치 거짓말같이 내 몸의 모든 병적인 증상이 깨끗이 사라져 버렸습니다. 팔다리에는 힘이 생기고 마음속엔 기쁨과 평화가 넘쳐 나기 시작했습니다. 그 이후 우리 집에는 생기가 돌기 시작했습니다. 천국이 임하기 시작한 것이었습니다. 하나님이 확실히 살아계신다는 것을 깨달은 우리 부부는 날마다 집에서 가정예배를 드리기 시작했습니다. 난생 처음 맛보는 천국의 기쁨이었습니다.

성령세례를 받은 지 얼마 안 되었을 때의 일입니다. 동네 시장을 갔다 오는데 골목길로 접어든 순간 마음에 불안과 두려움이 들어오기 시작했습니다. 그리고 심장이 뛰기 시작하면서 발걸음이 땅에 딱 달라붙었습니다. 얼마 전까지 저를 괴롭히던 마귀가 다시금 달려드는 것 같았습니다. 도저히 어지러워서 걸음을 떼지 못하고 있을 때 갑자기 귀에서 천둥이 울리는 듯한 소리가 들렸습니다. "**두려워 말고 너는 앞으로 나아가라 내가 너와 함께 함이니라**" 저는 그 소리를 듣는 순간 용기가 백배하여 다시 발걸음을 뗄 수가 있었습니다. 나중에 그 음성은 바로 성령님의 음성이었다는 것을 깨닫게 되었습니다. 그 이후로는 예전과 같은 증세가 가끔 찾아와도 두려워하지 않게 되었습니다. 하나님의 성령께서 항상 불꽃 같은 눈으로 저를 지키고 계신다는 것을 알기 때문입니다.

어느 날 남편은 몸이 어느 정도 회복되자 일자리를 알아보기 위해 나가고 저는 집안 일을 마치고 혼자 집에서 기도하며 있었습니다. 그날 밤이 다 되도록 남편이 돌아오지 않자 저는 슬슬 마음이 불안해졌습니다. 혹시 옛날 버릇이 도져서 밤새도록 술 마시고 돌아오는 게 아닐까 하는 마음에 불안감을 달랠 길이 없었습니다. 제 주변에는 그 누구도 저와 대화를 하거나 위로해줄 사람이 없었습니다. 그래서 저도 모르게 노트를 펼치고 제 심정을 하나님께 고하듯 기도를 적어가기 시작했습니다. 마치 하나님과 이야기를 주고받듯이

말입니다. 그것이 바로 영적 일기의 시작이 되었습니다. 그 내용은 다음과 같습니다

1998. 7. 00. 수요일

오 주여 많은 은혜와 사랑으로 저를 지켜 주시고 늘 평강과 강건함을 허락하심을 감사드립니다. 아버지시여 오늘 많은 은혜로 주님의 자비와 사랑을 느끼며 생명의 말씀을 전해 받고 더욱 성령의 충만함을 주시니 감사합니다. 주여! 지금 시계는 9시를 가리키고 있습니다. 그런데 제 사랑하는 남편이 아직 돌아오지 않고 있습니다. 아버지 지금 이 시간 제 남편을 지켜주시옵소서. 세상의 유혹에 물들지 않게 하시고 늘 주님의 말씀이 중심이 되어 설 수 있도록 인도하소서.

(중략)

오, 사랑이신 우리 주 예수님 늘 주님을 사랑하게 하시고 항상 주님께 무릎 꿇고 기도하는 주님의 사랑하는 딸이 되게 하소서.

예수님의 이름으로 기도드립니다. 아멘

저는 펜이 가는 대로 기도문을 써 내려갔습니다. 마치 주님이 제 앞에 있는 듯이 주님께 모든 것을 고하는 심정으로 적어 갔습니다. 글을 마치자 제 마음에는 놀라운 평강과 성령의 위로 하심이 넘쳐났습니다. 그날 밤 남편은 늦은 시각이었지만 무사히 돌아왔고 몇 년 후에는 제 바람대로 신학교에 입학해서 지금은 목사님이 되었습니다. 할렐루야!

그날 이후로 저는 기도문을 일기처럼 매일 쓰게 되었으며 10년이 지난 지금에는 기도 일기책이 20여 권이나 되었습니다.

영적 일기는 하나님과의 대화입니다. 즉 하나님과의 대화인 기도를 자연스럽게 유도해 줍니다. 기도는 마치 자식이 부모님과 대화하듯이 항상 하나님이 내 앞에 계시다는 면전의식 즉, 믿음을 가지고 하는 것입니다. 기도가 어렵다고 생각되는 분은 글로 적어 보시기 바랍니다. 우리가 펜으로 종이위에 기도를 적는 순간 하나님께서는 이미 보시고 응답할 준비를 하십니다. 우리는 쉬지 말고 하나님께 기도해야 할 책임과 의무가 있습니다.

▶ 영적 일기 기록하는 모습

기 도

지금 이 시간이 나에게 주어진 마지막 시간이라면
주님을 더욱 알게 해달라고 기도하겠습니다
허락하신 이 마지막 남은 시간 앞에서
저를 위해 피 흘리신 당신께 기도하겠습니다

저는 당신의 도구이기에 기도해야 하며
제가 할 수 없는 모든 일들을 당신이 하시기에
저는 기도할 수밖에 없습니다

주여! 영혼의 열매가 많이 맺히기를 기도합니다
저에게 주어진 이 시간이 얼마 남지 않았으므로
저는 기도하고 또 기도하렵니다

저는 감사하렵니다
당신의 임재안에 주를 뵈오니 감사의 기도를 드립니다

지금 이 시간이 나에게 주어진 마지막 시간일지라도
나는 기도하고 또 기도합니다

2

영적 일기는 성령님과의 깊은 교제를 통해
성령의 은사와 열매를 맺게한다.

2

영적 일기는 성령님과의 깊은 교제를 통해 성령의 은사와 열매를 맺게 한다.

1. 성령의 은사

방언으로 대화하다

10년 전 제가 성령의 세례를 받고 영적 일기를 쓰기 시작하면서 저에게 은사가 임하기 시작했습니다. 어느 날 집에서 남편과 단둘이 가정예배를 드리고 통성으로 기도를 하는데 방언이 나오기 시작했습니다. 전과 같은 단순한 표적의 방언이 아니라 다른 나라의 언어로 방언이 나오기 시작하였습니다. 중국말도 나왔다가 일본말도 나오고 영어도 나오고 러시

아말과도 같은 방언이 나오다가 또 스페인 방언이 나오기 시작했습니다. 그리고 방언 통변이 나왔습니다. 전에는 제가 하는 방언의 내용이 무엇인지 전혀 알 수가 없었는데 이번에는 그 뜻이 알아지는 것이었습니다. 처음 겪는 일이라 너무 놀라고 당황해서 어쩔 줄을 몰랐습니다. 그러나 방언과 통변은 계속해서 저의 의지와는 상관없이 흘러나오고 있었습니다.

성령님께서는 제 마음 가운데 통변 내용을 펜으로 적으라는 감동을 주셨습니다. 저는 다급히 볼펜을 찾았고 곧이어 남편이 가져다준 볼펜으로 노트에다 정신없이 적어내려 가기 시작했습니다. 한참을 적어 내려가자 어느덧 방언 통변이 그쳤습니다.

그런데 놀라운 일은 제가 입을 열어 말을 하자 우리나라 말이 아닌 스페인어로 나오는 것이었습니다. 저는 평생에 스페인어라고는 배워 본 적이 없는 사람인데 제 입에서 이런 유창한 스페인어가 나오자 너무나 놀랍고 신기했습니다. 저는 어찌해야 할 바를 알지 못하고 있었는데 순간 성령님의 음성이 들렸습니다.

"두려워 말라 내가 너와 함께 함이니라 내가 네 입술의 말을 주장하리니 하루 24시간 동안 방언이 나오게 하리라 너희는 그것으로 나 야훼의 표적을 삼을지어다"

남편과 아이들은 저에게 일어나는 일을 보고 입을 다물지 못했습니다. 몇 시간이 지나도 제 입에서는 계속해서 제가 하는 모든 말이 스페인어로 변하여 나왔습니다. 그리고 전과 다름없이 저는 식구들의 말을 알아듣는 반면 식구들은 스페인말을 모르므로 제가 하는 말을 하나도 알아듣지 못했습니다.

그 당시 어렸던 아이들이 엄마가 이상한 말을 하자 무척 답답해하고 불안해 하기에 저는 하나님께 제 혀를 좀 풀어주십사고 기도했습니다. "하나님 부족한 저에게 이런 귀한 표적을 보여주셔서 정말 감사해요. 그런데 우리 아이들이 불안해 하네요. 다시 예전처럼 한국말로 말하게 해 주세요."라고 기도를 마치자 제 입에서는 비로소 예전과 같이 한국말이 나오기 시작했습니다. 우리 가족은 하나님께서 보여주신 표적으로 인하여 다시 한번 하나님께서 살아계심을 알 수가 있었습니다.

성령님께서 통변으로 적게 하신 글의 내용은 주로 우리 부부와 시댁식구들에 관한 것들이었는데, 남편은 제가 적은 글을 보고 무척이나 놀란 듯했습니다. 서너 쪽에 달하는 성령님이 적게 하신 글 중에는 우리의 과거와 현재 그리고 장차 우리 부부가 가야 할 길에 관한 내용이 들어 있었습니다. 특히 제 남편에 대한 부분이 가장 많이 차지하고 있었는데 그 주요 내용은 남편이 주의 종이 되어야 한다는 것이었습니다.

그 글을 보고 남편은 속으로 적지 않게 부담을 느끼면서도 놀랍고 신기해하는 것 같았습니다. 그러면서 하는 말이 "나는 차라리 장로가 돼서 봉사하면 했지 목회자는 아무래도 아닌 것 같아."라는 것이었습니다. 그리고 전과 같이 계속 세상적인 일에만 몰두했습니다. 저 역시도 남편이 선뜻 신학교를 들어가리라고 기대하지 않았으므로 더 이상 권면하지 않았습니다. 그러나 하나님의 계획 하심에는 절대로 변함이 없었습니다. 우리 집에는 다시 예전과 같은 시련의 폭풍이 불어왔고 저는 기도할 때마다 계속적인 성령의 감동에 의해 남편이 주의 종이 되어야 한다는 것을 피부로 느끼고 있었습니다.

저는 남편에게 하나님께 순종하라고 다시 권면 했고, 그동안 물질의 문제로 인해 고통받던 남편은 드디어 입을 열어 한 가지를 제안하기에 이르렀습니다. 당시 저희는 빚 독촉으로 인해 고통당하고 있었는데 그 이유는 부동산업자에게 속아서 집을 잘못 샀기 때문이었습니다. 30평형대가 넘는 빌라인줄 알고 계약을 했는데 나중에 알고 보니 서류상에는 겨우 10평밖에 되질 않았습니다. 뒤늦게 그 사실을 알고 부동산업자에게 따져보았지만 소용이 없었습니다. 자기네들은 분명히 계약하기 전에 그 사실을 확인시켜주었다는 것입니다. 미리 서류를 확인하지 않고 집을 덜컥 샀던 우리 잘못이었습니다. 집을 되팔려고 내놔도 집은 일 년 가까이 나가질 않고 대출이자는 계속해서 눈덩이처럼 불어났습니다. 더구나 남편이 집에서 놀고 있었기 때문에 생활비가 가중되어 형편은 더욱 나빠졌습니다.

그래서 바로 그 집을 하나님께서 팔게 해주신다면 표적으로 알고 기꺼이 주의 종이 되겠다고 남편이 제안하기에 이르렀습니다. 저는 정말로 하나님께서 남편을 주의 종으로 사용하길 원하신다면 당연히 집을 팔게 해 주실 것으로 생각하여 그날부터 남편을 놓고 기도에 들어갔습니다.

이튿날 남편은 짐을 싸서 기도원으로 올라갔습니다. 삼일을 금식하기로 작정하고 기도원에 올라갔는데 놀랍게도 그 다음날 하나님께서는 바로 집이 계약되게 해 주셨습니다. 우리집을 살 임자가 나타난 것이었습니다. 그 사람은 서류를 통해 우리 집의 모든 상황을 알면서도 계약을 하겠다고 나섰습니다. 할렐루야! 저는 하나님께서 남편을 주의 종으로 사용하길 원하신다는 것을 표적을 통해서도 확실히 알 수가 있었습니다.

저는 남편에게 곧바로 연락했고 기도원에서 하루를 금식한 남편은 부리나케 내려와 매매계약서에 도장을 찍었습니다. 우리는 그 집을 살 때의 가격보다 3백만 원을 더 받았습니다. 놀라운 하나님의 역사 하심이었습니다. 남편은 드디어 하나님께 항복을 선언했습니다. 자기 스스로 한 하나님과의 약속은 어길 수 없었기 때문이었지요. 남편은 그 이듬해 봄에 신학교에 들어갔고 신학교 졸업하던 해에 여의도 순복음 교회 교역자 시험에 합격하여 지금은 목사님이 되어서 열심히 주의 일을 감당하고 있습니다.

신유와 능력 행함, 영분별의 은사

열이 내려가다

둘째인 상민이가 아팠던 적이 있었습니다. 유행성 감기였는데 열이 40도를 넘어섰고 아이는 무척 괴로워하고 있었습니다. 병원에 데려가서 약을 먹였는데도 열이 내리질 않아서 저는 조바심이 나기 시작했습니다. 저 어린 것이 얼마나 괴로울까 생각하니 차라리 제가 아픈 것이 낫겠다 라는 생각이 들었습니다. 그런데 제 마음속에 갑자기 하나님의 말씀이 떠올랐습니다.

"믿는 자들에게는 이런 표적이 따르리니 곧 그들이 내 이름으로 귀신을 쫓아내며 새 방언을 말하며 뱀을 집어 올리며 무슨 독을 마실지라도 해를 받지 아니하며 병든 자에게 손을 얹은즉 나으리라"

성경에 예수님께서 베드로 장모의 열병을 고치신 장면이 생각나면서 저는 믿음으로 아이의 머리에 손을 얹고 간절히 기도하기 시작했습니다.

"전능하신 하나님 아버지시여 우리 아이를 살려주옵소서 열이 떠나게 하옵소서 죽은 자도 살리시는 하나님께서 친히 안수하시고 예수님의 보혈로 아이를 덮어주옵소서 악한 열병의 귀신아 나사렛 예수 그리스도의 이름으로 명령하노니 묶음을 받고 떠나갈지어다! 떠나갈지어다! 예수님의 이름으로 기도합니다. 아멘"

이렇게 기도를 마치고 시간이 조금 지나자 열이 거짓말같이 내려가고 아이는 푹 잠이 들었습니다. 저는 '할렐루야'를 외치며 살아계신 하나님의 역사 하심에 감사를 드렸습니다.

중이염이 낫다

또 한 번은 역시 둘째 아이가 귓속이 아프다고 울며 난리를 치기 시작했습니다. 전에 걸렸던 중이염이 재발한 것 같았습니다. 그때는 시간이 너무 늦어서 이비인후과는 이미 문을 닫았고 응급실에라도 데려갈까 생각하고 있었습니다. 그런데 성령님께서 마음속에 악한 귀신을 내어 쫓으라는 깨달음을 주셨습니다. 저는 즉시 상민이의 귀에 손을 갖다 대고 기도하기 시작했습니다.

"이 더럽고 악한 귀신아! 상민이의 귀를 아프게 하는 귀신아! 나사렛 예수 그리스도의 이름과 보혈의 권세로 명령하노니 지금 당장 나올지어다! 상민이의 귀에서 묶음을 받고 떠나갈지어다! 지금 당장 떠나가라!" 그렇게 기도를 마치고 나자 신기하게도 상민이의 귀는 하나도 안 아프게 되었습니다.

우리 주변에는 얼마나 많은 귀신이 우리를 괴롭게 하기 위해 돌아다니는지 모릅니다. 그런 귀신들을 우리는 매일 내어 쫓아야 합니다. 우리가 예수의 이름으로 명령하면 귀신들은 쫓겨나가게 되어 있습니다. 그것이 바로 영적인 비밀이자, 법칙인 것입니다.

그 외에도 지혜와 지식의 말씀, 영분별의 은사, 믿음의 은사들이 차례로 나타났습니다. 저는 세상적인 학벌도 없고 내세울 만한 것도 별로 없습니다. 그러나 성령의 은사가 임하자 어떤 때는 저 자신이 생각해도 깜짝 놀랄만한 지혜가 생각나기도 하고 제가 알거나 생각지 못했던 일도 깨닫게 되는 경우가 종종 나타났습니다.

아들에게 묻어 온 귀신을 내어쫓다

가장 두드러진 은사 중의 하나는 영분별의 은사라고 생각되는데 예를 들면 어떤 사람과 대면했을 때 그 사람의 영적인 상태가 알아지는 것이었습니다. 한번은 제 아들이 친구들과 놀이공원을 다녀왔을 때의 일입니다. 집에 돌아온 아들의 얼굴을 보는 순간 온몸에 소름이 돋으면서 뭔가 좋지 않은 일이 있었음을 직감했습니다. 놀이공원에 가서 친구들과 싸움이라도 했나 하고 혼자 생각할 때 마음 가운데 성령님께서 저에게 "네 아들에게 묻어온 귀신을 내어 쫓아라"라고 말씀하셨습니다. 저는 아들에게 무슨 일이 있었느냐고 물어보았습니다. 아들은 주저 주저하면서 말을 회피했습니다. 저는 다 알고 있으니 솔직히 말하라고 다그쳤습니다. 그제야 아들은 놀이공원에서 있었던 일을 말하기 시작했는데, 친구들과 귀신의 집에 들어갔었다는 것이었습니다. 아무 생각 없이 재미로 들어갔었는데 거기 들어갔다가 나온 이후로 이상하게 마음속에 두려움이 임하고 가슴이 답답하더라는 것이었습니다. 저는 그 즉시 아들의 몸에 손을 대고 기도했습니다.

"이 악하고 더러운 귀신의 세력아! 나사렛 예수 그리스도의 이름으로 명령하노니 썩 나갈지어다! 지금 당장 상민이에게서 떠나갈지어다! 예수의 피로 떠나갈지어다!" 이렇게 수차례 귀신을 쫓아내며 기도하자 제 마음속에 평강이 임하면서 귀신이 나갔다는 확신이 들었습니다. 아들의 얼굴을 보니 어두운 표정이 사라지고 예전과 같이 돌아왔습니다. 아들도 몸과 마음이 가벼워진 것을 느낀다고 했습니다.

마지막 때에 악한 영들은 어찌해서든지 하나님의 백성을 실족시키려고 합니다. 성경에는 우리의 대적 마귀가 우는 사자와 같이 삼킬 자들을 찾으며 다닌다고 했습니다. 우리는 날마다 기도해야 합니다. 매일같이 예수님의 보혈을 의지해서 귀신을 쫓아내야 합니다. 우리 주변에는 우리를 실족시키려 화전을 쏘며 공격하는 마귀의 세력들이 많이 있습니다. 그러므로 항상 깨어서 기도해야 합니다. 또한, 어떤 문제가 생길 때는 저에게 담대한 믿음이 생겨서 마음에 큰 위로와 평안이 임하기도 했습니다.

> 어떤 사람에게는 성령으로 말미암아 지혜의 말씀을, 어떤 사람에게는 같은 성령을 따라 지식의 말씀을, 다른 사람에게는 같은 성령으로 믿음을, 어떤 사람에게는 한 성령으로 병 고치는 은사를, 어떤 사람에게는 능력 행함을, 어떤 사람에게는 예언함을, 어떤 사람에게는 영들 분별함을, 다른 사람에게는 각종 방언 말함을, 어떤 사람에게는 방언들 통역함을 주시나니 이 모든 일은 같은 한 성령이 행하사 그의 뜻대로 각 사람에게 나누어 주시는 것이니라(고전12:8-11)

저는 이러한 일들이 비단 저뿐만이 아니고 예수 그리스도를 믿는 모든 사람들에게 표적으로 나타난다는 것을 믿습니다. 그리고 하나님께서 우리에게 은사를 주시는 이유는 많은 열매를 맺기 위함이라는 것을 알아야 합니다. 그러므로 은사를 받은 사람들은 절대로 교만하거나 자랑치 말고 더욱 겸손하게 행동해야 합니다.

저에게 이러한 은사가 차례로 나타나자 가장 변화가 많이 된 사람은 제 남편이었습니다. 남편은 과거에 장로교회에서 세례까지 받았지만, 하나님과의 인격적인 만남이 없어 구원의 확신조차 없었던 한마디로 미지근한 신앙인이었습니다. 그러던 남편은 제가 성령세례받고 병이 낫고 또 여러 은사가 임하는 것을 옆에서 지켜보면서 하나님이 정말 살아계신다는 확신을 갖게 되었습니다. 나중에 남편이 신학을 해서 목사가 되었을 때 저는 비로소 하나님께서 저에게 여러 은사를 차례로 보여주신 것은 바로 제 남편을 변화시켜 온전히 쓰임을 받을 수 있도록 하기 위함이라는 사실을 알았습니다. 그리고 영적 일기를 쓰면서부터 저 자신도 변화가 되어간다는 것을 어느 순간에 느낄 수 있었습니다.

저는 원래 다혈질적인 기질과 성격을 갖고 태어났습니다. 반면에 남편은 성품이 온유하고 느긋한 성격이라 매사에 여유가 있었습니다. 저는 잘 참지를 못하는 급한 성격 탓에 남편과 많이 부딪쳤습니다. 그리고 서로 간에 많은 상처를 주고받았던 것을 기억합니다. 그러나 영적 일기를 써 나가면서부터 변화가 되어서 과거보다 많이 인내할 수 있게 되고 또한 상대방을 이해하고 용서할 수 있게 되었습니다. 이 모든 것이 우리 안에 있는 성령님의 역사요, 우리에게 성령을 주신 이의 뜻에 따라 열매를 맺어가는 과정이라는 것을 알게 되었습니다.

2. 사랑의 은사

성경에는 사랑이 성령의 아홉 가지 열매 중에 들어 있으나 은사 중에는 들어 있지 않습니다. 그러나 저는 굳이 은사와 열매를 구분하고 싶지 않습니다. 사랑이야말로 열 번째 은사 중에 들어가야 한다고 저는 말하고 싶습니다. 고린도전서 13장을 우리는 사랑장이라고 부릅니다. 고린도전서 13장에는 우리가 잘 알고 또 좋아하는 구절이 나옵니다.

"사랑은 오래 참고 사랑은 온유하며 시기하지 아니하며 사랑은 자랑하지 아니하며 교만하지 아니하며 무례히 행하지 아니하며 자기의 유익을 구하지 아니하며 성내지 아니하며 악한 것을 생각하지 아니하며 불의를 기뻐하지 아니하며 진리와 함께 기뻐하고 모든 것을 참으며 모든 것을 믿으며 모든 것을 바라며 모든 것을 견디느니라" (고전 13:4-7)

그러나 고린도전서12장 마지막 절에 보면 "너희는 더욱 큰 은사를 사모하라 내가 또한 가장 좋은 길을 너희에게 보이리라"(고전 12:31)라고 기록되어 있습니다.

사랑은 가장 큰 은사입니다. 그리고 사랑은 성령의 열매이자 열매를 맺게 하는 강력한 무기가 됩니다. 사도 바울 선생님은 아무리 많은 능력과 믿음이 있을지라도 사랑이 없으면 아무것도 아니라고 했습니다.

> "내가 사람의 방언과 천사의 말을 할지라도 사랑이 없으면 소리나는 구리와 울리는 꽹과리가 되고 내가 예언하는 능력이 있어 모든 비밀과 모든 지식을 알고 또 산을 옮길만한 모든 믿음이 있을지라도 사랑이 없으면 내가 아무것도 아니요 내가 내게 있는 모든 것으로 구제하고 또 내 몸을 불사르게 내줄지라도 사랑이 없으면 내게 아무 유익이 없느니라"
> (고전 13:1-3)

왕따를 당하다

작년의 일입니다. 같은 아파트단지에 사는 이웃 중에 막내딸 다은이와 같은 유치원에 다니는 아이의 엄마와 서로 감정이 상한 적이 있었습니다. 처음에는 그냥 알고만 지내다가 차차로 그 영혼을 전도해야 되겠다 라는 마음을 먹고있던 중에 마귀의 참소가 있었는지 어느 날부터인가 그들의 무리로부터 왕따를 당하기 시작하였습니다. 특별한 무슨 이유가 있는 것도 아니고 웬일인지 저만 오면 말을 안 하고 슬금슬금 피하곤 했습니다. 나중에 알고 보니 한 엄마가 저에 대해서 아주 안 좋게 소문을 내고 다녔었습니다.

그 사실을 알고 자초지종을 알아보려고 전화를 걸자 그 엄마는 다짜고짜 제 잘못을 지적하면서 "언니가 그러니까 그러지 괜히 그래요? 그리고 목사 사모라면서요. 사모가 그래도 되는거예요?" 라고 쏘아붙였습니다. 저는 너무나 억울하고 분했습니다. 아니 내가 뭘 어쨌기에, 사모는 사람도 아닌가? 저는 말 그대로 사모이기에 그들과 똑같이 싸울 수도 없는 노릇이고 해서 속이 상해 저녁에 남편에게 위로를 받으려고 그 말을 꺼냈는데 남편은 대뜸 한다는 소리가 그런 일 같고 뭘 그러냐는 것이었습니다. 저는 그 순간 남편이 더 원망스러웠습니다. 저렇게 여자의 마음도 모르고 무슨 목회를 할까 하는 생각이 들었습니다.

며칠간 일이 손에 잡히지 않고 기도도 잘 안 나왔습니다. 나중에 내가 이래선 안 되지 하고 간신히 마음을 추스르고 집에서 기도하는데 한 시간 정도 기도를 하자 하나님의 음성이 들려왔습니다.

"사랑하는 나의 종들아! 사랑하는 나의 딸아!
그가 널 못으로 못 박았느냐?
그가 창으로 네 옆구리를 찔렀느냐?
그가 가시 면류관으로 네 머리를 찢었느냐?
네게 그렇게 하지 않았으매 그를 용서하라
말로써 너를 찌르고 상하게 한 그 모든 것들을 내가 아노라
강하고 담대하라
핍박을 당할 때 그를 불쌍히 여기고 축복하라
그러한 긍휼의 마음을 내게 간구하라
네 힘으로는 할 수 없음을 내가 아노라
예수 그리스도의 사랑을 간구하라
오직 사랑만이 세상을 이길 수 있느니라"

저는 그 말씀을 듣자 너무 자신이 부끄러웠습니다. 한없

이 회개를 하기 시작했습니다. 그리고 예수 그리스도의 사랑을 하나님께 간구했습니다. "제 안에 남아있는 모든 상처의 쓴 뿌리를 없애주시고 저를 핍박하는 모든 사람들을 사랑할 수 있는 마음을 주세요."라고 눈물로 간구하기 시작했습니다. 예수님의 십자가 아래 제 온 마음을 집중시키자 순간 모든 영혼들에 대한 말할 수 없는 긍휼이 피어나기 시작했습니다. 그들의 영혼이 너무나 불쌍히 여겨졌습니다. 죽어 가는 영혼들을 위해 얼마나 눈물 흘리며 기도했는지 모릅니다.

샘솟듯 넘쳐나는 긍휼의 마음

기도를 마치고 다은이를 데리러 집 밖으로 나왔습니다. 만나는 사람마다 그들의 영혼이 보이면서 그들을 향한 긍휼한 마음이 생기기 시작했습니다. 아파트 경비집사님에서부터 청소하는 아줌마 그리고 슈퍼마켓의 사장님 할 것 없이 만나는 사람마다 그렇게 사랑스럽게 느껴질 수가 없었습니다. 저에게 상처를 주고 핍박한 아이 엄마들 역시 긍휼의 눈으로 바라볼 수 있게 되었습니다. 그들을 용서하고 자시고 할 것도 없었습니다. 그냥 그들이 사랑스러워졌습니다. 참으로 희한한 일이 아닐 수 없었습니다.

 하나님께서 긍휼과 사랑의 마음을 부어 주시자 저는 매일같이 기도할 때마다 울음을 주체하지 못하게 되었습니다. 지금 이 시간에도 죽어서 지옥으로 떨어지는 영혼들을 생각할 때마다 가슴이 천 갈래 만 갈래 찢어지는 듯한 아픔을 느끼게 되었습니다. 한 영혼을 천하보다 귀히 여기시는 하나님의 마음을 어느 정도는 알게 된 것입니다. 하나님은 당신의 자녀를 너무나 사랑하고 계십니다.

 모든 성령의 은사가 다 주어진다 할지라도 그 안에 사랑이 없으면 아무것도 아니라고 성경은 말합니다. 우리는 때때로 놀라운 능력 행하기를 갈망하고 또 기도하곤 합니다. 그러나 그러한 능력 이전에 먼저 예수 그리스도의 사랑을 달라고 간구해야 합니다. 하나님은 사랑이시기 때문입니다.

 "사랑하는 자들아 우리가 서로 사랑하자 사랑은 하나님께 속한 것이니 사랑하는 자마다 하나님으로부터 나서 하나님을 알고 사랑하지 아니하는 자는 하나님을 알지 못하나니 이는 하나님은 사랑이심이라 하나님의 사랑이 우리에게 이렇게 나타난바 되었으니 하나님이 자기의 독생자를 세상에 보내심은 그로 말미암아 우리를 살리려 하심이라 사랑은 여기 있으니 우리가 하나님을 사랑한 것이 아니요 하나님이 우리를 사랑하사 우리 죄를 속하기 위하여 화목제물로 그 아들을 보내셨음이라 사랑하는 자들아 하나님이 이같이 우리를 사랑하셨은즉 우리도 서로 사랑하는 것이 마땅하도다 어느 때나 하나님을 본 사람이 없으되 만일 우리가 서로 사랑하면 하나님이 우리 안에 거하시고 그의 사랑이 우리 안에 온전히 이루어지느니라"(요일 4:7-12)

예수님께서는 십자가에 달리시기 전날 우리에게 새로운 계명을 주셨습니다. 그것은 바로 "사랑의 계명"입니다.

"새 계명을 너희에게 주노니 서로 사랑하라 내가 너희를 사랑한 것 같이 너희도 서로 사랑하라"(요 13:34)

우리는 율법을 다 지켜 행할 수가 없습니다. 그러나 서로 사랑하기를 실천한다면 율법을 다 지키는 것과도 같습니다. 사랑은 율법의 마침이기 때문입니다. 우리는 서로 사랑하기를 게을리하지 말아야 할 것입니다.

(2008. 5.9 하나님이 주시는 말씀)
많은 영혼들은 나 야훼를 안다 하면서도 나에게 무릎으로 기도하지 않노라
천 년 만 년 살 것 같이 이 세상에서 온갖 것을 누리는 자들처럼 그렇게 사는 영혼들로 인해 나는 슬프도다
낙심이 오며 절망이 오며 암흑이 덮고 있는 이 세상에 그들을 도울 자 누구겠느냐
나 야훼는 나에게 부르짖는 영혼에게 응답하노라
지금은 더욱더 기도할 때이니라
영으로 살지 않는 많은 영혼들을 볼 때 나는 슬프다.
욕심을 내려놓지 못하고는 주의 사역을 감당할 수 없는 것을 머리는 알면서도 가슴이 허락지 않는도다.
내가 입히지 않았으며 먹이지 않았느냐
물질로서 채워지지 않는 것을 미리 걱정하는 것은 죄이니라
믿음이 없이는 나를 기쁘게 못 하리니 주의 좋은 충성하는 것이 그의 영성이니라
기도하라 기도하라 첫째도 기도요 둘째도 기도니라
기도 외에는 악한영이 나갈 수 없음을 알면서도 기도하지 않는 것은 교만이니라

간구하라 간구하라 이 귀한 기도의 시간을 간구하라 영적인 교제와 성령의 기름 부으심이 충만토록 간구의 기도를 늘 기억하라

그 이름을 우리에게

파아란 하늘 아래
울렁거릴 것 같은 초원위에
그와 내가 있는 것이
가장 행복한줄 알았습니다

노을진 금빛 하늘아래
넘실대는 파도가 은빛보다 더 빛날 때
그와 나는 그것이 가장 아름다운 줄 알았습니다.

그 이름을 그 이름을 우리가 알기 전엔
적어도 그렇게만 알았습니다.

그 이름 주 예수 그리스도가 우리 곁에 계신다는
그 사실을 알기 전엔 적어도 그렇게 초원과 파도와
노을진 하늘이 더 아름답다고 생각했습니다
그 이름을 우리가 알기 전엔…

3

영적 일기는 전도의 열매를 맺게 한다.

3

영적 일기는
전도의 열매를 맺게 한다.

1. 나의 성장배경

부모의 이유 없는 구박

저는 1965년에 서울 원효로에서 태어나 성장하여 결혼할 때까지 응암동에서 살았습니다. 3남1녀의 장녀인 저는 부모님의 사랑을 별로 받지 못하고 자랐습니다. 그 정확한 이유는 잘 모르겠지만, 아버지는 젊었을 때 다니셨던 교회의 목사에게 사기를 당해서 그만 시험에 들어 보복 심리로 불교에 심취해 계셨고 제 친정어머니는 점쟁이의 말만 믿고 제 생일이 당신보다 일주일 빠르다는 이유로 제가 기가 세서 부모를 누른다고 항상 저를 미워하시고 구박하였던 기억이 납니다.

초등학교 2학년 때로 기억되는데 제가 무슨 잘못을 했는지 아버지가 저를 죽인다고 소리치며 쫓아오고 있었고 저는 살기 위해 전력질주로 도망가고 있었습니다. 인근 가까운 산에까지 도망가던 저를 따라오던 아버지는 숨이 차는지 풀밭에 앉아서 잠시 숨을 돌리고 있었는데 그만 뱀에 손을 물리고 말았습니다. 그 뱀은 독사였는지 아버지의 손은 퉁퉁 부어 올랐고 근처 병원에 가서 치료를 받고 붕대를 감은 채로 아버지는 집에 돌아오셨습니다. 그 이후로 아버지의 손가락은 구부러져서 펴지질 않았습니다.

또 한 번은 초등학교 3학년 때의 일로서 그날도 저는 무슨 잘못을 했는지 도무지 기억이 나질 않습니다. 한번 화가 나면 물불을 안 가리는 아버지는 손에 잡히는 대로 뾰족한 흉기 같은 걸로 제 얼굴을 사정없이 내리쳤고 제 얼굴에서는 많은 양의 피가 흘러 나왔습니다. 옆에 계시던 엄마는 오히려 저를 나무라셨고 병원에도 데려가지 않았습니다. 저는 얼굴에서 흐르는 피를 닦다가 울면서 지쳐 잠이 들었던 기억이 납니다. 지금도 제 왼쪽 입술 옆에는 그때의 상처가 남아있습니다. 이와 같이 제 어린 시절은 부모님들에게 번갈아가며 혼나고 매 맞고 구박받은 기억밖에는 별로 기억나는 것이 없습니다. 지금 생각하면 그 당시 가출 하지 않고 버틴 게 기적이었습니다. 도저히 상식적으로 이해가 안 되고 많은 분들이 믿지 않으실 줄 알지만, 이 모든 것은 조금도 거짓 없는 사실입니다.

친정아버지는 그야말로 열심을 다해서 불경을 공부하셨고 집 대문 위에 자명정사라는 간판까지 걸어 놓았습니다. 아버지의 생일날이 되면 저희 집은 인근에 있는 신도들로 발 디딜 틈도 없이 북적거렸습니다. 게다가 아버지의 불경 읽는 소리와 목탁소리가 너무 싫어서 저는 온종일 밖에 나가서 시간을 보내다가 집에 돌아오곤 하였습니다.

제가 중학교에 들어갈 때 즈음 아버지는 다른 여자와 눈이 맞아서 딴 살림을 차리기 시작하였고 그 사실을 안 엄마와 매일같이 다투곤 하였습니다. 어느 날 부모님은 또 싸우기 시작하였고 저는 같은 여자인지라 엄마의 편을 들어 아버지에게 대들었습니다. 화가 난 아버지는 사정없이 저를 구타하였고 도망가는 저를 죽일 듯이 따라왔습니다. 쫓아오는 아버지의 손에는 몽둥이나 맥주병이 들려 있었고 지금 생각해 보면 아버지는 그 당시 악령에 사로 잡혀 있었던 것이 분명합니다. 동네를 몇 바퀴 돌고 나서야 아버지를 간신히 따돌리고 저는 동네친구의 집이나 고모네로 가서 밥을 얻어먹고 밤늦게 집에 들어오곤 하였습니다.

그렇게 자란 저에게는 사실 남들과 같이 부모님에 대한 애틋한 정이 없었고, 잠재의식 속에는 어린 시절의 부모로부터 받은 상처와 분노로 가득 차 있었습니다. 그러나 결혼한 후에 그러한 사실을 저의 남편에게는 알리지 않고 숨겼습니다. 제 자존심이 허락지 않았기 때문입니다.

그러던 제가 여의도 순복음교회에 나가서 성령세례 받고 은혜가 충만해지자 제일 먼저 머리에 떠오르는 것이 친정식구와 시댁식구들의 구원을 놓고 기도해야 되겠다는 마음이 들었습니다.

그들의 영혼이 너무나 불쌍하게 여겨졌습니다. 저들이 예수님을 모르고 죽으면 다 지옥으로 갈 텐데 어찌 되었든 전도해야겠다 라는 결심을 하게 되었습니다.

그래서 그날부터 시간을 정해놓고 집에서 기도할 때마다 친정식구와 시댁식구들의 구원을 놓고 하나님께 매달렸습니다. "나를 구원하신 주님 저들도 불쌍히 여기셔서 구원해 주옵소서 저들은 지금 아무것도 모르고 있나이다."라고 기도하기 시작했습니다. 또한, 기도문에도 친정식구들과 시댁식구들의 구원을 위해 간구하는 내용을 기록해 놓았습니다.

2. 둘째 동생의 회심

솥뚜껑만한 검은손

저에게는 남동생만 세 명이 있습니다. 아버지의 영향 탓에 셋 모두가 예수를 안 믿었습니다. 큰동생은 결혼해서 일찌감치 미국에서 정착하여 잘 살고 그 근처에 있는 한인교회에 다니고 있었습니다. 둘째 동생은 미술과를 나와서 여러 가지 재능으로 자기 나름대로의 독특한 세계를 구축하며 살고 있었습니다. 우리 부부는 평소에 이 둘째 동생을 전도하려고 기도도 많이 하고 권면도 해 보았습니다만, 그때마다 번번이 거절당하고 동생은 오히려 우리 부부를 불쌍하다는 듯한 태도로 바라보았습니다

그러던 어느 날 참으로 희한한 일이 생겼습니다. 갑자기 둘째 동생이 저희 집에 비를 흠뻑 맞은 채로 들어왔습니다. 그리고 현관에 들어오면서 울음을 터뜨리는 것이었습니다. 다 큰 어른이 애들처럼 울다니 무슨 큰일이 나긴 났구나 싶어서 자초지종을 들어보니 얼마 전부터 솥뚜껑만한 시커멓고 커다란 손이 자기를 죽일 듯이 따라다닌다는 것이었습니다. 엄청난 공포가 임하면서 그 손으로부터 아무리 피할려고 해도 피할 수가 없고 나중에는 살기가 싫어졌는데 어느 날 교회의 십자가를 바라보는 순간 울컥하고 그동안의 모든 죄가 회개가 되더라는 것이었습니다. 그리고 누나와 매형한테 가야 되겠다 라는 생각이 나서 무조건 달려왔다는 것이었습니다. 왜냐하면, 주변에 교회 다니는 사람이라고는 저희밖에

없었기 때문이지요.

저는 그 이야기를 들으면서 드디어 하나님의 때가 되었구나 라는 생각을 하게 되었습니다. 그래서 간절히 동생을 위해 기도해주고 보냈는데 악한 원수마귀는 순순히 제 동생을 놔주지 않았습니다. 그 뒤로도 동생의 증세는 나아질 기미를 보이질 않아서 결국 나중에는 남편이 기도원으로 데려가게 되었습니다. 저는 집에서 간절히 동생을 위해 중보 기도하고 있었습니다. 기도와 금식 외에는 악한 원수가 나가질 않는다고 했는데 제가 할 일은 오직 간절히 기도하는 일밖에 없었습니다.

예수님을 만난 동생

그런데 그 시간 남편이 동생을 차에 태우고 오산리 기도원을 향해 가던 도중 기적이 일어났습니다. 동생의 영안이 열린 것이었습니다. 나중에 동생의 간증을 들어보니 갑자기 차창 밖 정면에 흰 구름이 꽉 차는 것이 보이더니 밑에서부터 한 사람이 올라오는데 그의 머리 위로는 엄청난 광채가 나오고 그분의 모습이 드러나기 시작하는데 그의 표정은 말할 수 없이 평화롭고 동생을 매우 불쌍히 여기는 표정으로 쳐다보고 있었습니다.

그분은 다름 아닌 바로 예수님이었습니다. 그 순간 동생에게 놀라운 일이 일어났습니다. 몸에서 무언가가 마구 떨어져 나가며 마지막으로 목덜미 쪽에 붙어있던 것이 안 떨어지려고 발버둥치다가 '탁' 하고 떨어져 나가더라는 것이었습니다. 동생에게 붙어서 역사 하던 마귀가 예수님의 몸에서 뿜어져 나오는 광채로 인해 깨끗이 떨어져 나간 것이었습니다.

아래 내용은 동생의 간증이 신앙계에 기사로 실린 것을 적어본 것입니다.

<2005년 오월 어느 날, 어디선가 다가오는 공포의 손이 느껴지기 시작했다. 솥뚜껑만한 그 손에는 무수히 많은 손가락이 달려있었으며, 그 손은 가끔 내 심장을 누르기도 하고 내 뒤를 쫓아오기도 했으며 나를 어디에도 피할 수 없게 만들었다. 인간의 한계를 느끼는 공포가 시작되었으며 검은 손

바닥이 가슴을 누를 때면 온몸이 마비 되고 숨을 쉴 수가 없었다. 이와 같은 호흡곤란의 상태가 계속되던 어느 날 밤잠 못 자고 괴로워하고 있을 때 어디선가 "할렐루야!"라는 말이 내 귀에 들려왔다. 이어 "하나님 아버지."라는 소리와 함께 한줄기 빛이 나를 감싸 안았다. 그날 밤은 공포에서 벗어나 편히 잠을 잘 수 있었다.

다음날 아침 출근길에 동네교회 십자가가 눈에 들어왔다. 갑자기 그동안 잘못 살았던 삶의 모습이 한눈에 들어오면서 눈물이 났다. 부모님이 철저한 불교신자였기에 교회에 나간다는 것은 감히 상상할 수도 없었으며 교회라면 이유를 막론하고 비판했고 심지어는 선물 받은 성경책을 쓰레기통에 던지기도 했다.

잠시 동안 평안했던 순간이 지나자 이번에는 더욱더 큰 공포의 손이 나를 짓눌렀다. 결국은 심장마비로 내 숨은 멈춰지고 말았다. 순간 내가 자라온 과정이 한눈에 지나갔고 나를 살리려는 의사의 모습이 잠깐잠깐 보였다가 다시 나의 과거로 돌아가는 상황이 여러 차례 반복되다가 눈을 떴는데, 나는 죽지 않았고 다시 살아나게 되었다. 보다 못한 매형은 죽어가는 나를 데리고 파주시 오산리에 있는 최자실기념 금식기도원으로 향했다.

차를 타고 가면서 나는 간신히 고개를 들어 달리는 도로를 바라보며 마지막으로 내가 할 수 있는 일이 무엇인가를 생각했다. 그때 옆에서 차를 운전하시던 매형이 저에게 "하나님께 살려달라고 간절히 기도해라."고 말씀하셔서 저는 매형의 말씀대로 하나님이 있다고 생각하며 기도하기 시작했다. 그 기도는 내가 두 번 다시 할 수 없는 간절한 기도였다. 죽음을 눈앞에 둔 기도는 간절함이라는 표현조차 가벼울 정도였다.

"하나님 나는 당신이 누군지도 어디 있는지도 모르는 바보 같은 사람입니다. 하나님 당신이 만약 계신다면 제게 대답해주세요. 제가 왜 이렇게 죽어야만 하는지…. 이제 무엇인가를 좀 알 것 같은데 여기서 이렇게 끝나야 하는지…. 제발 제게 대답해주세요. 그리고 저를 좀 살려 주세요. 죄 많은 저를 한 번만 살려주세요. 한 번만 기회를 주시면 열심히 살아갈께요…." 회개의 눈물로 하나님에게 처음이자 마지막 심정으로 간절히 기도를 한 것이다.

바로 그 순간이었다. 기도를 마친 후 차창 앞을 바라본 나는 순간 눈을 의심했다. 달리는 도로 위로 어느새 눈부신 구름이 뭉게뭉게 덮고 있었으며, 그 구름 사이로 눈부신 광채가 뿜어져 나왔다. 그 광채는 이 세상의 모든 빛을 다 합친 것보다도 밝게 비쳤다. 그리고 구름 밑에서부터 머리가 서서히 올라오기 시작했는데 그 빛은 바로 거기에서 뿜어져 나왔다. 그분의 머리에서부터 드디어 온몸이 다 드러났는데 몸에는 눈부신 흰옷을 입고 있었으며, 그분은 나를 안아주실 듯이 팔을 벌리고 있었다. 그분은 바로 예수님이셨다. 당시에 나는 그분이 누군지 잘 몰랐지만, 하늘의 부름을 받고 오신 것이라는 것은 말하지 않아도 알 수 있었다.

나는 눈을 비비며 다시 쳐다보아도 그분은 계속 거기에 계셨고 나를 불쌍한 듯이 쳐다보고 계셨다. 그분의 표정에는 이 세상에서 보지 못했던 말할 수 없는 평화와 황홀함이 깃들어 있었다. 그분은 나를 너무도 불쌍하게 바라보고 계셨다. 마치 자기 자식이 죽어가는 것을 바라보는 부모의 얼굴 같이 안타까운 표정으로 나를 바라보고 계셨다. 나는 정신없이 그분의 얼굴을 바라보고 있었다. 그분에게는 말로만 듣던 천국이 들어 있었다.

"아앗!" 순간 내 몸에 이상한 현상이 나타났다. 마치 온몸에서 무언가가 마구 떨어져 나가는 느낌이 들었다. 얼굴과 몸에서 떨어지는 그 무언가로 인해 무척 따갑고 아프기까지 했다. 특히 목덜미에서 숨 막히도록 나를 죄고 있던 그 무엇인가는 떨어지지 않으려고 발버둥치다가 결국은 터져나가듯 '탁' 하고 떨어져 나갔다. 그러자 말할 수 없는 행복과 평화가 내 안으로 들어왔다. 순간 이것이 바로 하나님 세상이라는 것을 알 수 있었다. 눈물이 하염없이 흘러나왔다. 누군가 나를 이렇게 사랑한다는 것에 대해서…. 사랑받고 있다는 것에 대해 나는 아무 말도 못하고 눈물만 흘렸다. 그동안 나는 모든 것을 잃었다고만 생각했었다. 그런데 그분이 죽어가는 내게 직접 나타나셨다. 인간은 사랑하고 또 사랑을 받으며 살아가는 것이라는 가장 쉽고도 어려운 진리를 그 자리에서 가르쳐 주셨다. 그가 나를 그토록 사랑함은 그 자체로 나에겐 영원한 생명이었다.

창문을 열었다. 바람이 느껴졌고 산과 들이 보였고 하늘을 나는 새들을 보았다. 하나님께서는 이 모든 것을 아무 대가 없이 우리에게 주신 것과 삶은 그 자체로 어디 있든지 행복과 감사인 것을 느꼈다. 내가 이렇게 올바로 숨쉬고 움직이는 것만으로 더 이상의 감사가 어디 있겠는가? 너무 감격해서 울고 있는 내 곁의 매형도 함께 울었다. 그때 매형의 핸드폰이 울렸다. 누나였고 매형은 곧 나를 바꿔주었다. 난 어린애처럼 울면서 누님에게 말했다. "누나 나 봤어! 나 봤어. 누나, 나 이제 안죽어! 나 살았어~!" 누님도 울면서 대답했다. "그래 진규야, 이제 너 살았어…. 너 살았어."

누님은 불신자인 우리 집안에서 유일하게 하나님을 믿으면서 아버지에게 많은 고난을 겪고 부녀지간이 끊긴 분이었다. 그런 누님은 나를 위해 8

년간이나 기도일기를 써 내려갔고 그 사실을 나는 나중에 알았다. 누님은 내가 거의 죽게 되어 이젠 할 수 없으니 기도원으로 간다는 매형의 전화를 받고 주변의 모든 분들의 중보기도와 함께 죽자 살자 울면서 주님께 매달렸다고 한다.

그날 이후로 나는 예전과 같이 건강해지게 되었으며 현재 주님을 알리는 미술공연을 본격적으로 준비하고 있다. 그리고 여러 곳을 다니며 간증을 통하여 주님의 그림을 직접 그려서 내가 본 주님의 모습을 알리며 주님과 함께 산다는 것이 얼마나 멋진 일인가를 증거하고 있다.

사람마다 사역의 길이 다르듯 나는 나에게 주님이 주신 일들을 그리며, 성령의 음성을 잊지 않고 살고자 한다. 내가 주님을 만난 것처럼 아직도 주님을 알지 못하는 많은 영혼에게 구원의 손길이 펼쳐지길 기도한다. 이제 나는 드로잉을 공연화시켜서 주님의 공연을 하게 되었다. 드로잉 미술공연은 세계 최초이자 새로운 공연문화의 장르이기에 나는 반드시 주님을 알리는 공연을 하고자 하며 이것이 나에게 맡겨주신 사명이라 믿는다.

　죄로 인해 죽어가던 나를 살리시고 주님을 나타낼 수 있도록 은사와 은혜를 허락하신 하나님께 모든 감사와 영광을 돌린다. 이제 나는 주님의 것으로 새로 태어나 주님을 알리는 사명자로서의 삶을 살아갈 것이다. 할렐루야!〉

▶ 2005.7.5 오산리 기도원 가는길 도로에서 만난 예수님

▶ 2006년 신앙계 간증기사

    제 동생이 예수님을 만난 시간이 바로 제가 집에서 간절히 눈물 흘리면서 기도하던 그 시간이었습니다. 한참을 기도하는데 마음 가운데 성령의 음성이 들려 왔습니다. "이제 네 **동생에게 전화해라**" 이런 감동이 들어서 동생의 핸드폰으로 전화를 했는데 동생은 제 전화를 받자마자 "누나 나 이제 살았어!" 라고 말하며 울었습니다. 저는 순간적으로 동생에게 뭔가 하나님의 역사가 일어났구나 라는 생각이 들어서 "그래 이제 넌 살았어." 라고 말하며 같이 울었습니다.

그 뒤로 제 동생은 기도원에서 성령세례를 받고 방언의 은사도 얻었습니다. 예수님을 직접 목격하고 난 동생은 사람이 180도 바뀌어서 세상적인 일들을 다 접고 지금은 간증사역에 충실히 임하고 있습니다. 여의도 순복음교회의 각 지성전과 온누리교회, 기타 전국의 초교파적 교회에서 간증사역을 하고 다니며, 간증할 때는 항상 자기가 직접 본 예수님의 모습을 그림으로 그려내는데 그 자리에 있는 사람들에게는 엄청난 은혜가 임하면서 심지어는 간증을 듣다가 병을 고침 받은 사람들도 나오곤 합니다.

또한, 2007년도부터는 대학로에서 정기적으로 크라이스트 공연을 통하여 하나님의 나라를 알리는데 힘쓰고 있습니다. 저는 이 모든 일들이 그저 감사할 뿐입니다. 제 동생같이 완악 했던 사람도 하나님께서 변화시키시고 사용하시는 것을 보면 정말로 주님 오실 날이 가까워지고 있다는 것을 알 수 있습니다. 주님은 이제 더욱 많은 사람에게 당신이 곧 오심을 알게 하려고 친히 그 모습을 드러내실 것입니다.

▶ 2005년 7월 초 예수님을 영접하는 (크라이스트 드로잉 쇼) 김진규 예술감독 동생은 문화선교사역에 힘쓰고 있다. 할렐루야!

3. 친정아버지의 구원

친정집의 몰락

제 친정아버지는 앞에서도 소개해 드린 바와 같이 교회에 다니는 사람을 원수같이 여기시는 분이셨습니다. 그런데 제가 결혼을 하고 시댁으로 들어와 신접살림한 지 3개월 만의 일이었습니다. 친정아버지는 대낮에 길을 건너시다가 그만 돌진하던 버스에 치이셨고 뇌진탕으로 병원 신세를 지게 되었습니다. 당시 한약방을 운영하여 부유한 편에 속했던 친정집은 그 이후로 점점 쇠퇴와 몰락의 길을 가기 시작했습니다. 마치 소돔과 고모라 성이 롯과 그의 식구들이 빠져나오자 유황과 불비로 인해 멸망한 것과 같이 말입니다.

친정아버지는 일주일간을 병원에 입원해 계셨는데, 퇴원하자마자 산속으로 들어가 그야말로 도인과 같은 생활을 하기 시작했습니다. 수색 근처의 야산에 조그만 암자를 지어놓고 밤낮으로 불경을 외우고 혼자 생활을 하였습니다. 밤이면 온갖 귀신들이 드나들어 때로는 대화를 하기도 하고 어떤 때는 혼을 내어 쫓아내기도 했다는 소리를 들었을 때 속으로 이런 분도 과연 구원을 받을 수 있을까라는 생각이 들었습니다.

친정아버지는 평소에도 당뇨증세가 있었는데 십수 년 동안 산속에서 생활하신 이후로 그 증세가 점점 더 심해져서 급기야는 일주일에 두세 번씩의 혈액투석을 받아야 목숨을 부지 하실 수 있게 되었습니다. 저와 남편은 이제 친정아버지가 돌아가실 때가 얼마 안 남았다는 것을 느낄 수 있었습니다.

그러던 작년에 갑자기 친정엄마에게서 전화가 걸려왔습니다. "얘, 느이 아버지가 갑자기 돌아가시려고 하는지 니네 집에를 다 가자고 하시는구나." 저는 그 소리를 듣자 드디어 하나님께서 아버지를 데려가려고 그전에 우리 집에 머물게 하시면서 구원을 받도록 인도하신다는 마음이 들었습니다. 친정아버지는 그다음 날 처남의 차로 우리집에 오셨고 저와 남편은 지극정성으로 아버지를 모셨습니다.

처음이자 마지막이라는 생각에 저는 우리 집에 오신 첫날부터 복음을 전하기 시작했습니다. 젊었을 때 교회를 다니신 경험이 있는 아버지는 놀랍게도 복음을 받아들이셨고 저녁

때 귀가한 남편의 인도에 따라 결신 기도를 따라하셨습니다. 친정아버지는 찬송도 알고 계셨고 우리를 따라서 어린아이처럼 박수치며 찬송을 따라 불렀습니다. 저는 이렇듯이 변화된 친정아버지를 보고 놀라움을 금치 못했으며 하나님의 놀라운 은혜에 그저 감사할 수밖에 없었습니다.

상처의 자국을 지워내다

다음날은 목욕을 시켜 드리고 싶은 마음이 들어서 잘 움직이지도 못하시는 아버지의 옷을 벗기고 목욕탕 욕조에 물을 받아놓고 온몸을 씻겨 드렸습니다. 아버지의 벗은 몸은 너무도 말라있었습니다. 가죽만 남은 몸이 때를 씻길 때 뼈에 마찰되어 아플 것만 같았습니다. 시원한 듯이 가만히 계시는 아버지의 온몸 구석구석을 닦아드리는데 갑자기 눈물이 나오기 시작했습니다. 과거에 아버지로부터 아무 이유 없이 매 맞고 욕먹고 구박받은 모든 상처가 마치 때와 함께 씻겨 나가는 듯했습니다. 아버지의 몸을 닦아 드리는 그 시간 성령님은 저를 위로해주셨습니다. 제 마음 깊숙이 자리 잡은 상처의 쓴 뿌리가 하나둘씩 때와 함께 지워지기 시작했습니다.

아버지는 일주일간 우리집에 머물다 집으로 돌아가셨는데, 그 후로 상태가 더 악화되어서 나중에 병원에서 아버지를 뵐 때, 아버지는 저에게 이렇게 말씀하셨습니다. "애야 그동안 미안했다. 내가 너한테 못할 짓을 많이 했구나. 나도 내가 너에게 왜 그리 모질게 대했는지 모르겠구나. 내 본심이 아니었으니 나를 용서해다오." 아버지는 그 이후 몇 개월을 더 사시다가 올해 정월에 편안히 하늘나라로 가셨습니다. 하나님과 자식에게 못할 짓을 많이 하신 아버지의 영혼을 하나님께서는 구원해 주셨고, 그 아버지가 저는 지금 사무치게 보고 싶습니다. 아버지 사랑합니다.

이 일은 제가 친정식구들의 구원을 위해서 기도하며 영적 일기에 기록한지 8년과 10년째 되는 해의 일입니다. 하나님의 구원의 때와 시기는 아무도 모릅니다. 그러나 우리의 기도에 하나님은 반드시 응답을 하십니다.

"이르되 주 예수를 믿어라 그리하면 너와 네 집이 구원을 받으리라" (행 16:31)

감사함의 이유

무엇이 그리도 감사하냐고 누가 묻는다면
나는 미소 지으며 이렇게 말하겠지요
주님이 계시므로 감사하다고요

그럼 주님이 왜 감사하냐고 다시 물어 온다면
나는 그저 환하게 말하겠지요
사랑으로 내손을 놓지 않음에 감사하다고요
감사하게 해 주시는 주님이 계시므로
나는 감사할 수밖에 없는 거지요

이 고난과 불행 속에도 왜 감사하냐고 누가 묻는다면
나는 눈을 감고 말하렵니다
축복 주시기 위한 불행과 고난이므로 감사하다구요

건강치 못해 고통당하면서도 왜 감사하냐고 누가 묻는다면
나는 작은 눈물로 말하렵니다
그런 나를 위로하시고 고쳐주시고 기도하게 하시니
감사하다구요

그 어두운 죽음 앞에서도 왜 감사하냐고 다시 묻는다면
나는 변함없이 말하렵니다
당신에겐 어둠의 죽음이지만 나에겐 영원한 빛의 영생천국
이기에 감사하다고 말입니다

주님이 내게 계시므로
그 한 가지만으로 우린 그저 감사할 수 밖에요
아멘

4

영적 일기는 감사의
믿음생활을 유지시켜준다.

4

영적 일기는 감사의
믿음생활을 유지시켜준다.

1. 우울증의 가시

셋째가 태어나다

우리 가족은 남편과 저 그리고 아들과 딸 둘이 있습니다. 막내인 다은이는 제가 38살에 난 늦둥이 딸입니다. 전혀 계획이 없었는데 하나님께서 선물로 주신 귀한 아이입니다. 저는 다은이를 출산하고 나서부터 몸의 상태가 매우 안 좋아졌습니다. 출산 전 상태점검을 받으려고 병원에 갔는데 아기의 탯줄이 목을 감고 있어서 자칫하면 질식할 수도 있다는 것이었습니다. 그래서 수술을 해서 낳았는데 하혈을 많이 한데다 산간을 도와주는 사람이 없어서 몸에 무리가 갔던 것 같습니다. 그때 저는 병실에서 링거 바늘을 몸에 꽂은 상태로 기도문을 썼었던 기억이 납니다.

퇴원하고 나서 아기를 키우다 보니 자연히 기도하는 시간이 짧아지기 시작하고 구역예배도 점차 소홀해지기 시작했습니다. 더군다나 제게 있어서 믿음의 멘토와도 같은 역할을 했던 지역장이 그만 교회에 시험이 들어서 다른 개척교회로 가버리는 바람에 저는 영적으로 상담할 사람도 의논할 사람도 없는 외톨이가 되어 버리고 말았습니다. 지역장이 떠나자 구역원들도 하나 둘 줄어들더니 급기야는 지역전체가 무너지고 저도 구역예배를 드리지 못하게 되었습니다. 그때부터 저는 점점 말수가 적어지고 신경질적이 되어 갔으며 신체 여기저기에 이상증세가 나타나기 시작했습니다. 이유도 없이 어지럽고 입맛도 없어지고 밤에 잠을 깊이 자지 못하고 항상 마음이 암울하고 불안했습니다. 불안한 마음은 어디 잠깐 밖에 나가는 것도 허용하지 않았습니다. 조금 더 시간이 지나자 급기야는 어지럼증으로 픽 쓰러지기까지 했습니다. 몸은 더욱 야위어갔으며 영혼은 점점 황폐해져 갔습니다.

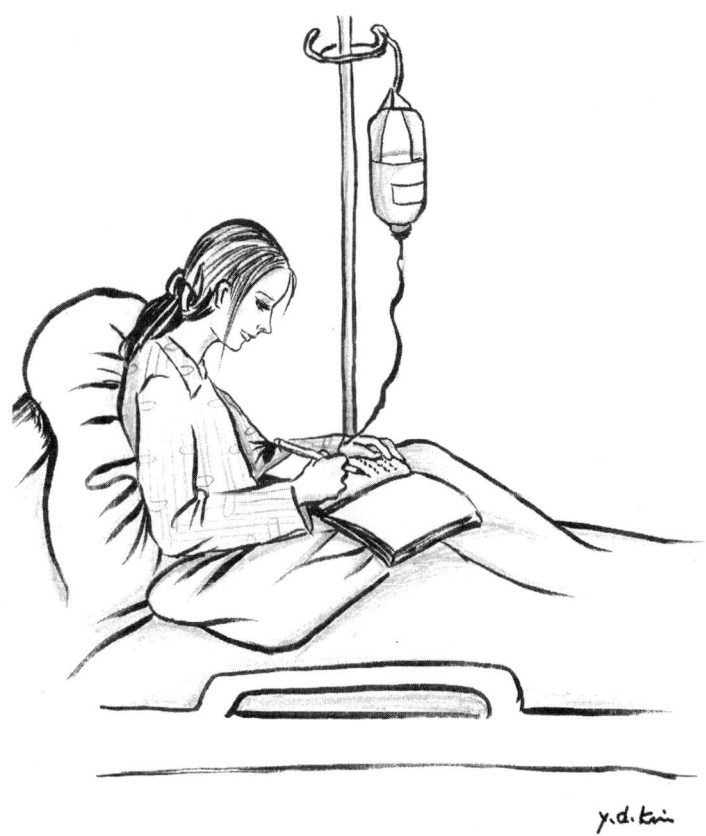

▶ 병상에서 영적 일기를 적는 모습

두 번째 우울증

1998년도에 이어 두 번째 우울증이 저를 괴롭히기 시작했습니다. 일주일 동안 집에만 있다가 남편이 쉬는 월요일이 되면 기분전환이라도 하려고 야외로 나가곤 했는데 조금만 멀리 나가면 불안감이 금세 몰려오고 심장이 뛰어서 다시 집으로 돌아오곤 했습니다. 한번은 식당에 가서 식사를 주문했는데 불안감과 압박감이 몰려와서 도저히 앉아서 밥을 먹을 자신이 없었습니다. 그래서 먹지도 못하고 돈만 내고 나온 적도 있었습니다.

이와 같은 생활이 무려 6년간이나 지속되었습니다. 그동안 큰 병원이라는 데는 다 가보고 유명한 한의사들한테 다 쫓아 다녀보았지만 별 효과가 없었습니다. 가장 괴로운 일중의 하나는 밥을 제대로 먹지 못한다는 것이었습니다. 하루에 한 공기의 밥도 제대로 못 먹었습니다. 억지로라도 밥을 먹고 나면 체한 듯이 소화가 안 되어 꼭 소화제를 먹어야만 했습니다. 약을 먹어도 안 들을 때는 바늘로 손가락을 따기도 하였습니다.

오랫동안 소화가 안 되다 보면 온몸이 싸늘하게 식어갈 때가 있습니다. 손과 발이 얼음장같이 차가워지고 코에서는 냉기가 뿜어 나왔으며, 한 여름날에도 오한이 나서 두터운 무스탕을 입고 자기도 하였습니다. 어느 책에 보니까 몸이 안 좋을 때 사혈을 하면 피가 통해서 몸이 따뜻해진다 하여 남편에게 부탁하여 사혈하는 기기를 사서 몸이 차가워지기 시작하면 열 손가락을 모두 찔러댔습니다. 손가락을 찔러 댄 후에 안 나오는 피를 짜내어 휴지로 닦아가면서 그렇게 해서라도 살려고 애쓰는 제 모습은 처량하고 한심하기 그지없었습니다.

저는 매일같이 기도일기에 하나님께 건강을 주십사고 매달렸습니다. 어느 날 아이들을 다 학교에 보내놓고 무릎 꿇고 간절히 하나님께 병을 고쳐달라고 기도하는데 세미한 하나님의 음성이 들렸습니다.

"**내 은혜가 네게 족하다 내 은혜가 네게 족하다**" 저는 이 음성을 들었을 때 하나님께서 저에게 가시를 심어주신 것이 아닌가라는 생각이 들었습니다.

"여러 계시를 받은 것이 지극히 크므로 너무 자만하지 않게 하시려고 내 육체에 가시 곧 사탄의 사자를 주셨으니 이는 나를 쳐서 너무 자만하지 않게 하려 하심이라 이것이 내게서 떠나가게 하기 위하여 내가 세 번 주께 간구하였더니 나에게 이르시기를 내 은혜가 네게 족하도다 이는 내 능력이 약한데서 온전하여짐이라 하신지라 그러므로 도리어 크게 기뻐함으로 나의 여러 약한 것들에 대하여 자랑하리니 이는 그리스도의 능력이 내게 머물게 하려 함이라" (고후12:7-10)

저는 이 말씀이 떠오르면서 하나님께서 저의 연약한 부분을 변화시키시고 다듬으시기 위함이라는 생각이 들어 "그래 맞아, 오히려 기뻐하고 감사하자."라는 마음이 들었습니다. 그러나 마음 한구석으로 언제까지 이 우울증의 가시를 몸에 갖고 살아야하나 하는 낙담과 절망을 떨쳐 버릴 수 없었습니다.

가장 최고로 몸 상태가 안 좋았을 때는 김포로 이사를 가서 살았을 때입니다. 그야말로 주변에는 아는 사람 하나 없고 철저한 고독에 몸부림치다 집에서 까부라지는 일이 점점 그 회수를 더해갔습니다. 저는 김포 성전으로 교적을 옮기고 해당 구역에서 예배를 드리게 되었습니다. 외로움이 극에 달했었기에 사람들과 예배를 드리고 교제를 나누면 상태가 점점 좋아지리라고 생각했기 때문입니다. 해당 지역장님은 성의를 다해서 저를 구역으로 인도했고 식구가 하나 더 늘어난 것에 대해서 매우 기쁘게 생각했습니다. 그러나 결국 제가 목회자의 사모란 것이 알려지고 구역식구들은 저와 같이 예배를 드리는 것에 대해서 매우 부담을 느끼는 것 같았습니다. 그들이 너무 부담스러워하자 저는 더 이상 같이 예배를 드리기가 힘이 들었습니다. 결국, 저는 지역장님에게 전화를 걸어서 사정상 구역예배에 참석하지 못하게 되었으니 예전과 같이 여러분끼리만 예배를 드리라고 말했습니다. 지역장님은 매우 서운해 했지만 저는 다시금 홀로 집에서 기도와 예배를 드리게 되었습니다. 집이 김포이다 보니 예배드리러 여의도까지 가는 것이 너무나 힘들어 자주 인터넷으로 예배를 드리게 되었고 저는 영적으로 더욱 갈급해져만 갔습니다.

기도를 못 하게 되자 영혼육이 모두 황폐해져 갔습니다. 병원에서는 위가 움직이지 않으니 약을 운동과 병행하라 하고, 한의원에서는 몸이 너무나 허해서 그러니 보약을 지어 먹으라고 해서 몸에 좋다는 약은 다 먹어봤지만 몸은 치료가 되지 않았습니다.

저는 속으로 "하나님 저 좀 살려주세요. 제가 죽는 것은 괜찮지만 어린 다은이가 너무 불쌍해요. 다은이가 자랄 때까지 만이라도 건강하게 해 주세요." 라고 매일 부르짖었습니다. 그러나 하나님은 묵묵부답이셨습니다.

제가 유일하게 대화할 수 있는 상대는 남편밖에 없는데 남편은 워낙 교회 사역이 바쁘다 보니 새벽에 나가서 밤 늦게 돌아오기 일쑤였고, 집에 돌아오면 지쳐서 잠만 자는 것이었습니다. 저는 더욱 외로움에 몸부림쳤습니다. 남편은 그저 기도하라는 말만 되풀이해줄 뿐이었습니다. 저는 너무나 야속한 생각이 들었습니다. "누군 기도 안하고 싶어서 안 하는 줄 알아요? 기도하려고 해도 힘이 없어서 기도가 안 나오는 걸 어떻게 하라는 거예요? 당신 정말 너무해요! 당신이 안 아프다고 이렇게 아픈 사람의 심정을 몰라주기예요?" 저는 따지듯 말했지만, 남편도 별다른 도리가 없었습니다. 남편은 저를 놓고 새벽 제단을 쌓기까지 했습니다. 그러나 제 우울증의 증세는 더욱 심해져 갔습니다.

밤마다 귀에서는 기차 바퀴 굴러가는 듯한 소리가 나서

잠을 못 이루기 일쑤였고 나중에는 마귀가 제 귀에 대고 이렇게 속삭이는 소리가 들렸습니다. "여기서 뛰어내려라. 네가 뛰어내려도 안 죽을 것이다. 어서 뛰어내려라." 저의 집은 아파트 16층에 살고 있었습니다. 저는 정말로 뛰어내리고 싶었습니다. 아무 낙도 재미도 없는 이런 세상 살아서 무엇 할까? 순간 어린 다은이가 생각났습니다. 내가 죽으면 누가 저 아이를 돌봐줄 것인가? 이 생각이 미치자 저는 속으로 주님께 기도했습니다. "주여! 아시지요? 보시지요? 제발 저를 긍휼히 여겨 주세요 제 병을 고쳐주세요."

우울증은 참으로 무서운 병입니다. 우리의 생명을 파멸로 이끄는 마귀의 무서운 무기입니다. 갑자기 쓰러져 119에 실려 병원 응급실로 간 적이 한 두 번이 아니었습니다. 그때마다 남편은 사역 중에 연락을 받고 달려오곤 했습니다.

2007년 봄에 남편은 학교졸업과 학위취득문제로 미국에 2주간 간 일이 있었습니다. 남편이 미국으로 떠날 때 저는 얼마나 애원했는지 모릅니다. "여보 제발 가지 말아요 당신마저 없으면 나 혼자 어떻게 하라고…. 여보 안 가면 안 돼요?" 저는 남편이 안 가면 안 되는 줄 알지만, 몸과 마음이 너무나 지치고 힘들어서 혼자 살아갈 자신이 없기에 이렇듯 애원했습니다. 그러나 남편은 그저 저를 놓고 항상 기도하겠다는 말만 남기고 인천공항으로 떠났습니다.

남편이 미국으로 떠난 지 3일 만에 전화가 왔습니다. 좀 어떠냐고 안부를 묻는 남편이 너무나 야속하고 얄미웠습니다. 누구는 주의 종이라고 저렇듯이 건강해서 미국도 가고 누구는 집에서 솥뚜껑 돌리면서 우울증과 싸우고 있고…. 저는 속으로 남편이 무척 부러웠습니다. 그리고 그날 밤 기도문에 이렇게 적었습니다. "아버지 아시지요? 제가 얼마나 주님을 사랑하는지를…. 아버지 저도 주님의 일을 하고 싶어요. 제가 전에 하도 설교하고 싶어서 혼자 방안에서 하나님의 말씀을 선포했던 것 기억나시죠? 제발 저에게 건강을 주시고 남편처럼 사역의 길을 열어 주세요."

남편은 매일 밤마다 집으로 안부전화를 했습니다. 저는 사실 무척 괴롭고 힘들었지만, 남편이 걱정할까 봐 잘 있으니 아무 염려 말고 무사히 다녀오라고 말했습니다.

▶ 육의 가시를 빼 달라고 기도하는 모습

손바닥에 박힌 유리조각을 뽑다

그러던 어느 날 남편이 미국으로 떠난 지 일주일쯤 되던 날이었습니다. 밤에 자다가 새벽에 꿈을 꾸었는데 꿈속에 손이 아프고 쓰라려서 쳐다보니 제 왼쪽 손바닥에 유리가 박힌 것이 보였습니다. 그래서 손가락으로 유리를 조심스럽게 잡아 뽑았는데 조그만 유리조각인줄만 알았던 것이 쭉 잡아 뽑아도 계속 나오는 것이었습니다. 마침내 다 뽑아놓고 보니 엄청나게 큰 유리조각이 제 몸에서 나왔습니다. 저와 남편은 꿈에 너무나 신기하고 놀라워서 이렇게 큰 유리가 어떻게 내 몸속에 박혀 있었는지 의아해 했습니다. 그러다 꿈을 깨었는데 아침에 아이들 학교에 보내놓고 곰곰이 생각해보니 그 꿈은 바로 내 몸속에 박혀있던 가시가 제거된 꿈이라는 생각이 불현듯 들었습니다. 그리고 하나님께서 내 병을 고쳐주셨다는 마음이 들면서 불현듯 어제 일이 기억났습니다.

어제 방에서 놀던 다은이가 일어서서 방문 쪽으로 걸음을 떼자마자 '꽝' 하고 벽에 걸린 유리액자가 떨어져 산산조각이 났는데, 그 자리는 바로 좀 전까지 다음이가 앉아서 놀던 자리였습니다. 조금만 늦게 방에서 나왔어도 크게 다칠 뻔했습니다. 잠시 후에는 둘째 상민이가 집에 왔는데 하는 말이 "엄마! 나 오늘 큰 일 날 뻔했어. 하마터면 죽을 뻔했어요." 저는 놀라서 무슨 일이 있었냐고 물어보았습니다. "친구네 집에 놀러 가려고 아파트단지로 들어갔는데 갑자기 아파트 옥상에서 빈병이 가득 든 박스가 떨어져서 하마터면 머리에 맞을 뻔했어요." 그 뿐이 아니었습니다. 상민이가 물을 마시려고 컵을 집었는데 그 컵이 산산조각이 나면서 깨지는 것이었습니다. 조금 후에는 유리로 된 모래시계를 만졌는데 역시 반 동강이 나고 말았습니다. 아들이 만지는 유리제품마다 깨지는 데 정말로 이상했습니다. 그런데 제가 오늘 유리가시를 뽑아낸 꿈을 꾸고 나니 어제 일어났던 일들이 우연히 일어난 것이 아니라는 것을 깨달았습니다. "그래 맞아! 내 안에 역사 하던 우울증의 마귀가 쫓겨나가려고 발악을 했었구나." 라는 생각이 들면서 저는 "기도해야지." 하는 마음이 들어 정말 오래간만에 하나님께 간절히 부르짖어 기도했습니다.

처음에는 목소리에 힘이 없다가 점점 성령이 역사 하시면서 기도에 힘이 붙기 시작했습니다. 저는 예수님의 옷자락을 붙잡는 심정으로 정말로 간절히 부르짖었습니다. 한참을 기도하자 성령이 불 같이 임하면서 입에서 방언이 터져 나왔습니다. 그리고 방언통변이 나오면서 성령의 음성이 마음속에 전달되었습니다. "이제 내가 6년간의 우울증의 가시를 거두노라" 저는 너무나 기쁘고 놀라웠습니다. 성령님의 음성은 계속 이어졌습니다.

"내가 네 몸속에 가시를 넣은 이유는 너로 하여금 교만치 않게 하기 위함과 네가 먼저 고통을 겪어 봄으로서 같은 괴로움으로 고생하는 믿지 않는 영혼들의 고통을 알게 하려 함이었느니라 네가 아플 때 나도 아팠고 네가 슬플 때 나도 슬펐노라 내 마음이 너무도 아팠지만 널 온전히 사용하기 위해 가시를 넣어 훈련시켰느니라 너는 너와 같은 고통을 겪고 있는 사람들을 위해 기도하고 불신자들에게 복음을 전하라"

저는 그 음성을 듣고 너무나 감사하고 기뻐 울며 하나님을 찬양하며 계속 방언으로 기도하고 있는데 갑자기 기침이 나오기 시작하면서 어디선가 매캐한 악취가 풍겨오기 시작했습니다. 그리고 계속적으로 목이 간질간질하면서 기침이 나오는데 숨쉬기조차 힘들 정도로 기침이 나오기 시작했습니다. 저는 기침을 하면서 냄새의 원인을 찾으려고 다른 방들과 부엌과 화장실을 다 가보았지만 도무지 냄새의 원인을 찾을 수 없었습니다. 다시 기도하던 방으로 들어오니까 하수구 썩은 냄새 같은 악취가 풍겨오고 있었습니다.

순간 성령님께서 그 냄새의 원인은 바로 내 안에 역사 하던 우울증의 귀신이 나가면서 풍기는 냄새라는 마음을 주셨습니다. 저는 정신이 맑아지기 시작했습니다. 항상 안개가 뿌옇게 끼어 있던 것 같던 머리속이 환하게 밝아진 듯했습니다. 그리고 몸이 날아갈 듯이 가벼워졌습니다.

할렐루야! 저의 우울증은 그 시간 깨끗이 고침 받았습니다. 제 안에서는 기쁨이 샘솟듯 솟아나오기 시작했습니다. 할렐루야 주님 감사합니다! 감사합니다! 그저 그저 모든 것이 감사합니다. 저를 6년간이나 괴롭히던 우울증은 하나님께서 저를 훈련시키기 위하여 넣으신 가시였습니다.

"네 하나님 야훼께서 이 사십년 동안에 네게 광야 길을 걷게 하신 것을 기억하라 이는 너를 낮추시며 너를 시험하사 네 마음이 어떠한지 그 명령을 지키는지 않는지 알려하심이라. 너를 낮추시며 너를 주리게 하시며 또 너도 알지 못하며 네 조상들도 알지 못하던 만나를 네게 먹이신 것은 사람이 떡으로만 사는 것이 아니요 야훼의 입에서 나오는 모든 말씀으로 사는 줄을 네가 알게 하려 하심이니라. 이 사십년 동안에 네 의복이 해어지지 아니하였고 네 발이 부르트지 아니하였느라" (신8:2-4)

우울증의 마귀가 나가자 저는 강한 식욕을 느끼기 시작했습니다. 부엌에 가서 있는 대로 차려서 허겁지겁 먹기 시작했습니다. 음식을 먹으니 살 것만 같았습니다. 내가 밥을 먹다니 나에게 이런 날이 올 줄은 정말로 몰랐습니다. 너무나 감사했습니다.

저는 이 일을 통하여서 깨달은 것이 있습니다. 하나님께서는 아무 이유 없이 우리에게 고통을 주시지 아니하시며 아무리 힘든 시련과 환란 고통 가운데서라도 우리는 항상 창조주이신 하나님께 감사해야 한다 라는 것을 알게 되었습니다.

"범사에 우리 주 예수 그리스도의 이름으로 항상 아버지 하나님께 감사하며" (엡 5:20)

"범사에 감사하라 이는 그리스도 예수 안에서 너희를 향하신 하나님의 뜻이니라" (살전 5:18)

"감사로 제사를 드리는 자가 나를 영화롭게 하나니 그 행위를 옳게 하는 자에게 내가 하나님의 구원을 보이리라"
(시 50:23)

2. 아! 십자가 십자가

2007년도 말에 우리 가족은 김포에서 봉천동으로 이사를 오게 되었습니다. 남편인 목사님과 아이들이 서울로 다니기 때문에 매일 김포에서 서울을 오가는 것이 너무 힘들어서 집을 옮기지 않을 수 없었습니다. 저는 이사하기 전에 하나님께 간구했었습니다. 40평 이상의 넓은 집에 들어가게 해 달라고요. 왜냐하면, 아이들도 3명이나 되는데다가 집안에 예배실을 하나 만들고 싶었기 때문입니다.

우리 집이 팔리자 저는 집을 알아보려고 봉천동 일대를

돌아다녔습니다. 아직까지는 봉천동이 다른 지역보다 집값 시세가 조금 쌌습니다. 처음 복덕방에 들어가서 원하는 집을 말했더니 부동산업자가 저를 데리고 한 집으로 데리고 갔습니다.

  40평형의 널찍한 집은 주인 없이 비어 있었는데, 집주인이 인테리어를 새로 한 집이었습니다. 저는 한 눈에 그 집이 마음에 들었습니다. 그런데 방을 세어 보았더니 모두 3개밖에 안 되었습니다. 보통 40평형 이상은 방이 4개인데 왜 3개밖에 안되는지 물어보았더니 주인이 내부 인테리어 공사를 하면서 방 한 개를 터서 거실과 합친 것이었습니다. 그래서인지 다른 집보다 거실이 더 넓었습니다. 저는 내심 실망을 금치 못하면서 집 내부 여기저기를 구경하고 있었는데 문득 거실 창가 쪽에 문이 설치 되어 있는 것을 발견했습니다. 무슨 문일까 하고 열어보는 순간 저는 아! 하고 탄성이 나왔습니다. 그 안에는 겨우 사람 하나가 들어가 앉을 수 있는 정도의 공간이 마련되어 있었습니다. 주인이 허드레 짐을 넣으려고 만든 것 같았습니다. 저는 '바로 여기가 하나님께서 기도실로 쓰라고 예비해 주신 방이구나' 라는 생각이 들었습니다. 저는 남편에게 전화를 걸어서 사실대로 설명하고 저녁에 만나서 같이 계약을 치렀습니다. 비록 월세로 계약했지만, 하나님께서 우리에게 예비하신 장막이라는 생각에 마음이 뿌듯했습니다.

저희는 그 집을 계약하고 불과 2주 만에 이사를 올 수가 있었습니다. 빈집이었던 데다가 김포의 우리 집을 산 사람들이 사정을 봐 주셔서 역시 2주 안에 잔금을 받았습니다. 우리 가족은 김포에서 생활하다 서울로 옮기니 너무도 편했습니다. 집이 넓어서 막내 다은이는 마음껏 뛰놀며 자전거와 씽씽도 신나게 타고 다녔습니다. 층수가 가장 꼭대기인 25층이라 현관에서 집까지 엘리베이터 타고 올라가려면 시간이 조금 걸리는 것 외에는 아무런 불편함이 없었습니다. 오히려 하늘과 주변의 산들 그리고 멀리 63빌딩까지 바라보이는 전망은 마음을 시원하게 해 주고도 남음이 있었습니다.

저는 기도방을 예쁘게 꾸며 놓았습니다. 조그만 유리탁자를 놓고 흰 천으로 덮은 다음 성경책을 펼쳐서 올려놓으니 아담한 강대상이 되었습니다. 향기가 나는 화분도 하나 놓고 바닥은 카펫을 깔아서 딱딱하지도 차갑지도 않도록 했습니다. 그리고 정면에는 십자가를 걸어 놓고 바깥쪽 문에는 꽃으로 예쁘게 장식을 해 놓았습니다.

어느 날 저는 아침에 눈을 뜨자마자 간단히 기도하고 말씀을 묵상하고 있었습니다. 월요일 아침이라 곤히 늦잠을 자고 있을 남편도 무슨 소리에 깼는지 일찍 일어나서 저와 같이 소파에 앉아서 이야기를 나누기 시작했습니다. 저는 지난달에 돌아가신 친정아버지 생각에 마음이 조금 침울해져 있었습니다. 그런데다가 이사비용과 매달 내야 할 월세 그리고 생각지도 않은 양도세 등으로 인해 적지 않은 돈이 지출되어서 앞날에 대한 여러 가지 염려와 근심거리가 생겨나는 중이었습니다. 남편은 또 남편대로 장막과 필요한 물질 등에 대해서 염려를 하고 있는 듯했습니다.

비록 담보대출이 많이 설정되어 있었어도 김포에 내 집이 있었는데 그것을 헐값에 팔고 서울로 올라온 것에 대해서 우리 부부는 매우 아쉬워하고 있었습니다. 더구나 아파트 값이 하루가 다르게 뛰어서 이미 오를 대로 오른 시세는 내릴 줄을 모르고 있었습니다. 지금 우리가 들어온 집을 매매로 구입하려면 적어도 5억 이상은 들어가야 할 것입니다. 그런 현실 앞에서 저와 남편은 이구동성으로 한숨을 내쉬고 언제 다시 내 집을 장만할까 하고 걱정하고 있었습니다.

그 순간이었습니다. 남편 목사님이 갑자기 어! 저게 뭐지? 라고 외쳤습니다. 저는 남편이 손으로 가리키는 데를 쳐다보니 마룻바닥에 뭔가가 비취고 있었습니다. 가서 보니 베란다 쪽 창문을 통하여 빛이 들어오는데 그 가운데 십자가모양의 형상이 뚜렷이 나타나 있는 것이었습니다. 저는 도대체 이 십자가모양의 빛이 어떻게 해서 바닥에 비치고 있는지 신기하기만 했습니다. 더구나 한 개도 아니고 세 개의 십자가가 바닥에 뚜렷이 비취고 있었습니다. 가운데 십자가가 제일 크고 앞뒤로 있는 십자가는 조금씩 작았습니다.

마치 성부와 성자 그리고 성령의 십자가가 나란히 일렬로 서 있는 것 같았습니다. 저는 너무나 신기하고 놀라워 다급히 디지털 카메라를 가져와서 사진을 찍었습니다. 남편도 뒤늦게 핸드폰 카메라로 사진을 몇 장 찍었습니다. 그런데 더욱 놀라운 일이 일어났습니다. 저희가 사진을 찍자마자 기다렸다는 듯이 십자가들이 서서히 빛이 흐려지더니 어디론가 사라져 버리는 것이었습니다. 마룻바닥에는 아무 모양 없는 햇빛만 비추고 있었습니다. 저희 부부는 아무 말 못하고 서로 얼굴만 쳐다보다가 이윽고 제가 먼저 입을 열었습니다.
"하나님의 표적이 분명해 하나님이 우리의 마음을 아시고 위로하시려고 십자가 모양의 빛을 마루에 비치신 거야."

하나님께서는 저희 부부의 연약함과 문제를 너무도 잘 알고 계시므로 위로하시기 위해서 표적을 보이신 것이었습니다. 저희는 이 십자가사건을 통해서 힘들고 어려울지라도 범사에 감사해야 한다는 것과 먼저 아버지의 나라와 그의 의를 구하면 우리의 모든 필요를 채우신다는 말씀의 표적을 보이신 것을 알게 되었습니다.

하나님은 불꽃 같은 눈동자로 항상 우리를 살피시고, 우리의 나약한 신음에도 응답하십니다. 좋으신 우리 하나님은 지금도 살아서 역사 하십니다. 할렐루야!

▶ 마루에 보여 주신 하나님의 표적

호흡이 있는 자마다 찬양하라

암흑의 구멍 안에 작은 아주 작은 쥐 한 마리
어둠의 굴레 안에 너무 감당치 못할 만큼의 큰 그림자가
그 쥐 한 마리 앞에 서 있었습니다.

암흑의 구멍 속에 갇힌 아주 작은 쥐 한 마리
그 곳의 쥐 한 마리는 바로 나 자신이었습니다

호흡이 끊어질 듯 끊어질 듯 아주 가쁜 쉼이
내 앞에 멈출 듯이 꺼질 듯이 너무 가녀려서
남은 호흡으로 나는 주님을 찬양하렵니다.

한줌의 호흡과 주먹만큼의 남은 생애를
나보다 더없이 아프셨던 내 하나님께 드립니다
호흡이 있을 때 넘어질 듯이 쓰러질 듯이
주님의 손등을 어루만지며 나는 주님을 찬양하렵니다.

연단의 고통이 아니면 나를 사용할 수 없음을 아시기에
여섯 해 동안 질병의 그늘에 나를 잠시 내려놓으셨습니다.

나만의 암흑의 멍에인줄 알고
나만의 고통의 절규인줄 알았건만
주님은 내 고통의 천배 만배로 아파하셨음을
나는 이제야 깨닫게 되었습니다.

할렐루야
호흡이 있는 자마다 하나님을 찬양해야 합니다 아멘

5

영적 일기는 예수님을 닮아가는
중보자로서의 역할을 감당케 한다.

5
영적 일기는 예수님을 닮아가는 중보자로서의 역할을 감당케한다.

중보자 되시는 예수 그리스도

우리에게는 모두 하나님이 주신 사명이 있습니다. 사람마다 생긴 것이 다르고, 믿음의 분량이 다르며, 은사가 다르지만, 하나님께서 우리에게 부여하시는 사명은 그 길이 모두 같습니다. 하나님께서는 우리 구원받은 백성이 모두 예수님과 같이 거룩한 삶을 살아가길 원하십니다.

"너는 이스라엘 자손의 온 회중에게 고하여 이르라 너희는 거룩하라 나 야훼 너희 하나님이 거룩함이니라" (레19:2)

우리는 하나님의 영으로 지음 받은 존재이기 때문에 하나님의 아들인 예수 그리스도를 닮아가게 되어 있습니다. 예수님은 우리를 위해 중보자의 사명을 가지고 이 땅에 오셨습니다.

저는 영적 일기를 기록해 나가면서부터 예수님의 마음을 조금이나마 이해할 수 있게 되었습니다. 전에는 나 자신과 가족들의 유익만을 구하는 기도를 했었는데 가면 갈수록 예수님의 마음이 전달되고, 나보다는 구원받지 못한 영혼들 그리고 나라와 민족과 교회를 놓고 기도를 하게 되었습니다. 예수님께서는 십자가에 못 박히시기 일주일 전에 예루살렘 성에 입성하시면서 성을 보시고 우셨다고 성경에는 기록되어 있습니다. 예수님께서는 이스라엘이 그들의 죄악으로 인하여 하나님의 징벌을 받아 수많은 사람이 피를 흘리고 죽어 갈 것을 미리 보시고 슬픔을 참지 못하고 우셨던 것입니다.

저는 기도할 때 예수님의 슬픔과 그 눈에서 흘러내리는 눈물에 대하여 묵상하게 되었고, 주님의 마음이 전달되자 곧 제 안에서 참을 수 없는 오열이 터져 나오기 시작하였습니다. 우리 주님은 구원받지 못하고 지옥으로 떨어지는 영혼들을 보시며 한없이 슬퍼하고 계십니다. 주님은 우리 한 사람 한 사람의 영혼을 너무나도 사랑하고 계십니다. 그리고 회개하지 못하고 주님을 부인하는 영혼들을 위하여 지금도 하늘 보좌에서 중보하시고 계시는 것입니다. 저는 기도하면서 주님의 마음이 알아지자 불쌍한 영혼들을 위하여 과연 내가 무슨 일을 해야 할 것인가라는 생각을 해보지 않을 수 없었습니다.

첫 번째 꿈

그러던 어느 날 저는 자다가 꿈을 꾸었는데, 큰 건물이 보이고 그 안에 층마다 많은 사람이 저마다 부지런히 자기 할 일을 하는 모습이 보였습니다. 어떤 사람들은 열심히 전화를 받으며 뭐라 말하고 있었고, 또 어떤 사람들은 음식을 먹고 또 어떤 사람들은 결혼식을 올리고 많은 축하객의 축하를 받고 있었습니다.

그런데 어디선가 연기가 피어나기 시작하고 사이렌 소리가 울리기 시작했습니다. 저는 직감적으로 불이 났다는 생각이 들었습니다. 큰 건물 안에는 많은 사람이 있는데 불이 났으니 저는 소방관들이 빨리 사람들을 구출해주기를 바랐습니다. 그러나 웬일인지 소방관들은 우왕좌왕하면서 건물 안에 들어가질 못하고 있었습니다. 건물 안으로 들어가려면 건물의 출구를 열어야 하는데 그 열쇠가 없다는 것이었습니다. 저는 너무나 안타까웠습니다. 문을 부수고 들어가면 되지 싶었는데 소방관들은 문이 너무나 견고하고 두꺼워서 부술 수가 없고 출입문도 유일하게 하나밖에 없다는 것이었습니다. 순간 제 머리속에는 문의 열쇠를 어디선가 본적이 있다는 생각이 들었습니다. 다름 아닌 바로 내가 그 열쇠를 가지고 있었다는 생각이 났습니다.

저는 집으로 부리나케 뛰어들어가서 열쇠를 찾아보았습니다. 여기저기 한참을 찾다가 마침내 열쇠를 찾았는데 그 열쇠는 부엌 쪽 벽에 걸려 있는 열쇠함 속에 있었습니다. 저는 그 열쇠를 가지고 불이 난 건물로 달려갔습니다. 건물은 불이 순식간에 번져 이제는 안에서 살려달라고 아우성치는 소리가 들려오고 있었습니다. 저는 그 열쇠로 출구 문에 있는 구멍에 집어넣었습니다. 신기하게도 딱 들어맞았습니다.

문이 열리자 안에 있던 사람들이 우르르 몰려나왔습니다. 사람들은 '할렐루야'를 외치며 하나님을 찬양하며 거리로 나왔습니다. 저는 그제야 안도의 한숨을 내쉬었습니다.

지금은 노아의 때처럼 마지막 때입니다. 하나님께서 죄 많은 세상을 물로 쓸어버리려고 하늘과 땅의 수문을 열려고 준비하고 계시는 때입니다. 요즘 일어나는 지구 상의 모습이 바로 주님이 말씀하신 때와 어찌도 그리 흡사한지 저는 신문이나 뉴스를 볼 때마다 놀라곤 합니다. 바로 얼마 전에 미얀마에 사이클론 태풍으로 인해서 수만 명의 사람들이 목숨을 잃었습니다. 또한, 그 놀라움이 채 가시기도 전에 중국에서는 지진이 나서 역시 수만 명이 목숨을 잃고 수십만의 이재민과 천문학적인 재산이 피해를 본 것을 보게 되었습니다. 대재앙 앞에서는 인간의 목숨이 파리 목숨보다도 못한 것을 보게 되었습니다.

> "민족이 민족을, 나라가 나라를 대적하여 일어나겠고 곳곳에 기근과 지진이 있으리니 이 모든 것은 재난의 시작이니라" (마 24:7-8)

지금은 자다가 깨어서 기도할 때입니다. 그러나 많은 사람이 노아의 때와 같이 멸망의 날까지 먹고 마시고 장가들고 시집가는 모습을 볼 때 우리의 사명이 막중하다는 것을 다시 한 번 깨닫게 됩니다.

두 번째 꿈

저는 그다음 날 꿈을 또 꾸게 되었는데 이번에는 넓은 들판에 황금물결과 같이 곡식이 잘 자라서 익어 있는 광경이 보였습니다. 저도 모르게 그 황금 물결 안으로 들어가 봤습니다. 그런데 막상 들어와 보니 밖에서 보던 광경과는 달리 들판 안에는 무가 드문드문 거꾸로 심겨져 있었고 축 쳐진 채로 옆으로 모두 누워 있었습니다. 그리고 그것들은 마치 사람과 같이 초췌한 모습으로 땀을 흘리고 있었습니다. 저는 그것을 보고 안타까운 마음에 무들을 똑바로 세우면서 "주여! 예수의 피, 예수의 피!"를 외쳤습니다. 마침내 무들을 다 세우자 그것들은 생기발랄하게 푸르른 모습을 띠며 똑바로 서있게 되었습니다.

▶ 나는 산책을 하고 있었습니다. 그런데 넓은 아주 큰 황금 들판이 눈부시게 찬란했고 그 안에 씩 씩하고 성성한 벼들을 목격했습니다. 황금 들판을 헤집고 들어간 나는 너무나 풍성함에 감사했 습니다.

▶ 그런데 이게 왠일입니까? 그 곡식안을 헤집어 보니 무들은 거꾸로 심어져 있고, 마치 사람의 지 친 표정으로 울고 있었고 어느 무는 땀을 많이 흘려 초췌한채 쓰러져 신음하고 있었습니다.

▶ 무들을 향한 긍휼한 마음이 일기 시작한 저는 살려야 한다는 생각뿐이었습니다. 무들에게 안수 를 하며 나사렛 예수의 이름으로, 예수의 피로 그 무들을 일으켜 세우며 기도했습니다. 다시 생 기를 찾은 무들은 기뻐하며 찬양했습니다.

오늘날 이 지구 상엔 크고 웅장한 교회가 많이 있지만 막상 교회 안을 들여다 보면 신자들이 깨어서 기도하지 아니하고 마귀에게 눌려서 고통 가운데 처해 있는 사람들이 많다는 것을 주님은 제게 보여 주셨습니다.

그리고 그다음 날도 그와 비슷한 꿈을 꾸게 되었습니다. 저는 사흘 동안의 꿈을 통해 바로 하나님께서 저에게 메시지를 주신 것이라는 확신이 강하게 들었습니다. 저는 그 꿈들을 묵상하며 기도를 하고 있는데 마음 가운데 성령의 음성이 들렸습니다.

"너의 사명은 중보자의 사명이다 너는 죽어가는 불쌍한 영혼들을 놓고 기도하라"

그 음성을 듣고 나서 저는 비로소 저의 사명을 깨닫게 되었습니다. 제 사명은 중보의 사명입니다.

저는 예전에 주의 종이 되려고 신학교를 들어가려고 했었습니다. 그러나 그때마다 신학교에 입학할 길이 막히곤 해서 남편에게 "주의 종은 정말 하고 싶다고 아무나 할 수 있는 것이 아닌가봐요." 라고 말한 것이 기억납니다. 한동안 신학을 할 수 있는 환경의 문이 열리지 않아서 저는 낙담하며 하나님께 부르짖었습니다. "하나님 환경을 열어주세요. 그리고 주님을 위해 한평생 헌신하겠으니 제발 저를 사용해 주세요. 주님을 향한 제 열정을 주님은 아시잖아요?"

어느 날 기도 중에 주님은 제게 말씀해 주셨습니다

"사랑하는 내 딸아 네 남편이 주의 종의 길을 가고 있지 않느냐 너는 네 남편과 많은 불신자를 위해서 중보하라 너는 그동안 성령의 음성을 듣도록 훈련받았다 네가 하나님 나라와 그의 의를 위해 간구하고 기도할 때 내가 네게 기름 부어 주리니 네 기도의 힘으로 남편이 힘을 얻으리라 하늘나라에서는 목회자나 사모나 평신도사역자나 모두 그 열매로 말미암아 상을 얻게 되리라"

저는 이 말씀을 듣고 힘을 얻게 되었습니다. 그리고 생각을 바꿔서 "그래 남편을 위해서 기도하고 많은 영혼을 위해 기도하는 것도 하나님의 일을 하는 것이다." 라는 마음을 갖게 되었습니다.

수리와 참새

비가 주룩주룩 내리는 어느 날 오후였습니다. 기도를 하고 소파에 앉아서 비 내리는 밖을 쳐다보고 있는데, 갑자기 참새 한 마리가 날아와서 우리집 베란다 난간에 앉는 것이었습니다. 마치 비를 피하려고 잠시 앉아 있는 것 같았습니다. 저는 작은 참새가 예쁘고 귀여워서 한참 바라보고 있었습니다. 참새는 좌우를 쉴 새 없이 살피며 몸에 묻은 비를 말리려는 듯 부리로 몸을 비벼대고 있었습니다. 그런데 갑자기 어디서 나타났는지 커다란 매 한 마리가 휙 날아오더니 순식간에 참새를 채 가는 것이었습니다. 갈고리 같은 두 발로 참새를 움켜쥔 매는 큰 날개를 유유히 저으며 저 멀리 하늘로 사라져버렸습니다. 이 일은 아주 순식간에 일어났는데 적지 않은 충격에 저는 멍하니 하늘만 쳐다보고 있었습니다. 저는 아파트 단지 안에서 저렇게 큰 새는 본 적이 없었습니다. 그때 제 마음속에 성령의 음성이 들렸습니다.

"보았느냐 지금은 바로 저 매와 같이 마귀가 많은 사람을 미혹하여 지옥으로 끌고 가는 시대이다 너는 저 참새와 같은 불쌍한 영혼을 위해 중보기도하라"

저는 며칠 동안 그 참새가 너무나 가엽고 불쌍해서 견딜 수 없었습니다. 그리고 그 마음은 잃어버린 영혼들에 대한 긍휼한 마음으로 바뀌었습니다. 하나님 아버지의 마음을 조금이나마 이해할 수 있을 것 같았습니다. 기도를 하다 보면 하나님께서 죽어가는 많은 영혼을 위해 기도하라고 시키실 때가 있습니다. 전에는 건성으로 형식적인 기도를 할 때가 많았는데 중보자의 사명을 깨달은 지금은 간절한 마음으로 기도를 하게 됩니다.

많은 분들이 저와 같이 중보자로 부르심을 받았다는 것을 저는 알고 있습니다. 우리의 중보를 통해서 많은 영혼이 되살아나고 힘을 얻게 됩니다. 지금은 자다가 깨어서 기도할 때입니다. 나라와 민족을 위해 기도하고 교회와 많은 주의 종들을 놓고 기도해야 합니다. 오늘날 이 세상의 많은 성령으로 충만치 못한 교회들은 회개하고 깨어 있어야 합니다. 그렇지 않으면 계시록의 에베소 교회에게 주님께서 하신 말씀같이 촛대를 옮기는 역사가 있게 됩니다. 저는 영적 일기를 기록하면서 깨어 있는 크리스천의 기도가 얼마나 중요한지 깨닫게 되었습니다. 하나님은 우리의 기도를 들으시고 반드시 응답해 주신다는 것을 저는 믿습니다. 하나님께서는 우리의 중보와 기도를 통해 당신의 계획과 뜻을 이루어 가십니다.

"그는 새 언약의 중보자시니 이는 첫 언약 때에 범한 죄에서 속량하시려고 죽으사 부르심을 입은 자로 하여금 영원한 기업의 약속을 얻게 하려 하심이라" (히 9:15)

"너는 내게 부르짖으라 내가 네게 응답하겠고 네가 알지 못하는 크고 비밀한 일을 네게 보이리라" (렘 33:3)

주님의 뜻

조용히 아주 조용히
두 눈을 감아 봅니다

제게 주셨던 많고 많은 은혜 은혜
그 은혜를 되새겨 봅니다

아무것도 행치 않고 있을 때도
주님의 뜻이 무엇인가 생각하게 됩니다

이다지도 늦고 늦은 게으름이 내 안에 있었음을
주님의 귀한 은혜에서 벗어나 있었음을
저는 그때야 깨달았습니다

성령의 음성을 듣고 나서야 저는 뒤늦게
눈물로 통회 자복하였습니다

주님의 뜻 그것은 하늘에서 이루어진 것 같이
땅에서 이루어지며 보다 많은 영혼들이 온전히
주께 돌아오게 되는 것입니다. 아멘

6

영적 일기는 회개와 신앙의 고백을 통해
날마다 성숙한 크리스천이 되게 한다.

6

영적 일기는 회개와 신앙의 고백을 통해 날마다 성숙한 크리스천이 되게 한다.

저는 영적 일기를 쓰면서부터 부패한 인간심성의 나약함을 깨닫게 되었습니다. 교회에서 은혜 받고 성령으로 충만하다가도 시험에 빠져 괴로워한 적이 한두 번이 아니었습니다. 저에게 있어서 가장 견디기 어려운 시험은 바로 사람으로부터 오는 시험이었습니다. 그 대상은 이웃이 될 때도 있고, 남편이 될 때도 있으며, 부모형제가 될 때도 있고, 자식이 될 때도 있습니다. 대개는 친한 사람들로부터 더 시험을 당하곤 합니다. 제가 시험에 빠져 괴로워할라치면 과거의 쓴 뿌리가 되살아나는 것을 느낍니다.

과거 부모로부터 받은 상처와 아픈 기억이 저도 모르게 나와서 분노의 불길에 휩싸였던 적이 얼마나 많은지 모릅니다. 그러다 보면 저도 모르게 상대방을 향해 공격을 퍼붓곤 했습니다. 그러나 한번 상처받은 마음은 쉽게 아물지 않습니다. 아, 이런 저 자신이 저는 싫어질 때가 많습니다. 제가 얼마나 추악하고 죄 많은 존재인지요….

문득 사도 바울선생의 고백이 떠오릅니다.

"내가 원하는 바 선은 행하지 아니하고 도리어 원하지 아니하는 바 악을 행하는도다 만일 내가 원하지 아니하는 그것을 하면 이를 행하는 자는 내가 아니요 내속에 거하는 죄니라 그러므로 내가 한 법을 깨달았노니 곧 선을 행하기 원하는 나에게 악이 함께 있는 것이로다 내 속사람으로는 하나님의 법을 즐거워하되 내 지체 속에서 한 다른 법이 내 마음의 법과 싸워 내 지체 속에 있는 죄의 법으로 나를 사로잡는 것을 보는도다 오호라 나는 곤고한 사람이로다 이 사망의 몸에서 누가 나를 건져내랴 우리 주 예수 그리스도로 말미암아 하나님께 감사하리로다 그런즉 내 자신이 마음으로는 하나님의 법을 육신으로는 죄의 법을 섬기노라" (롬 7:19-25)

저는 시험에 빠져 마음으로 죄악을 행할 때마다 영적 일기에 회개의 기도를 적어 내려갑니다. 오늘 있었던 일들을 용서해 달라고, 다시는 시험에 빠져도 절대로 화를 내지 않게 해 달라고…. 이렇게 적어 내려가다 보면 저 자신의 나약함을 객관적 입장에서 바라볼 수가 있습니다. 그리고 상대방이 이해가 되면서 상대방과 저를 용서할 수가 있습니다.

용서는 사랑의 시작이라고들 합니다. 나약하고 추악한 나 자신을 먼저 인정하고 용서하는 데서 사랑은 시작됩니다. 우리는 시험에 빠지기 쉬운 인생이지만 그래도 하나님의 성령의 법이 죄악과 사망의 법을 이김을 보고 기뻐할 수가 있습니다. 또한, 믿음의 결단을 다시 새롭게 하고 하나님을 찬양하면서 하나님께 영광을 돌리게 됩니다.

그렇습니다. 이것이 바로 신앙의 고백입니다. 영적 일기는 나 자신의 회개와 신앙의 결단을 매일 같이 적어감으로써 하나님께 한 걸음 한 걸음 더 나아가게 합니다.

주님을 안다 하면서도

주님을 안다 하면서도 내가 주님을 몰랐었네
내 욕심과 내 숨겨진 자만이 나를 누르고 있었네

아버지 나의 아버지 용서하여 주소서
내가 교만치 않았다고 한 그 고백이 나의 교만임을
용서하소서

아버지 나의 아버지 내 눈물이 방석을 적시나이다
사랑하는 나의 주님 내가 모든 것을
주님께 맡긴다 하면서도

내가 맡기지 못한 모든 부분조차도 주님은 용서하시네요
내가 가야 할 이 길이 주의 길이 되게 하소서

하루 한 시간을 머물더라도 성령님과 동행하게 하소서
아버지 아버지 하나님 나의 아버지시여

7

영적 일기는 후손들에게 물려줄
최고의 유산이다.

7

영적 일기는 후손들에게 물려줄 최고의 유산이다.

우리는 모두 언젠가는 이 세상을 떠나게 됩니다. 그리고 떠날 때는 아무 미련 없이 홀가분하게 빈손으로 떠나야 합니다. 많은 사람이 자신들이 평생에 걸쳐 이룩한 것들을 자손들에게 물려주기를 원하고 또 물려주고 있습니다. 어떤 사람들은 많은 재산을 남겨주고 어떤 사람들은 인생철학을 남기기도 하고 어떤 사람들은 귀한 가문의 보배를 유산으로 남겨주기도 합니다. 우리는 가진 재산도 없고 자식들을 비싼 돈 들여서 잘 가르치지도 못했습니다. 우리를 포함한 모든 크리스천들이 자손들에게 물려줄 최고의 유산은 바로 믿음입니다. 이 세상의 모든 것을 남겨준다 할지라도 그 영혼이 구원을 받지 못한다고 하면 무슨 소용이 있겠습니까?

우리 믿음의 선대들이 우리에게 남겨준 이 시대 최고의 유산은 바로 성경이라고 볼 수 있습니다. 성경은 우리를 하나님께로 인도하며, 영생의 도를 깨닫게 해주는 놀라운 능력을 지닌 책입니다.

> "또 어려서부터 성경을 알았나니 성경은 능히 너로 하여금 그리스도 예수 안에 있는 믿음으로 말미암아 구원에 이르는 지혜가 있게 하느니라" (딤후 3:15)

이스라엘 민족이 수천 년 동안 나라가 멸망한 채 뿔뿔이 흩어져서 살아왔지만 오늘날 놀라운 결속력을 보일 수 있는 원동력이 바로 성경에 있다는 사실을 우리는 알고 있습니다.

성경이야말로 하나님께서 우리에게 주신 최고의 유산입니다. 성경은 우리가 이 세상을 어떻게 살아가야 하는지를 자세하게 설명해주고 있습니다. 또한, 성경은 우리가 인간답게 살아가도록 인도해 주는 책입니다.

"모든 성경은 하나님의 감동으로 된 것으로 교훈과 책망과 바르게 함과 의로 교육하기에 유익하니 이는 하나님의 사람으로 온전하게 하며 모든 선한 일을 행할 능력을 갖추게 하려 함이라"(딤후 3:16-17)

저는 영적 일기를 감히 성경에 비교할 수 없지만 우리 자녀와 후손들에게 물려줄 최고의 자산이라고 자부하고 싶습니다.

우리 부부는 얼마 전에 전쟁기념관에서 열리는 사해사본과 그리스도교의 기원이라는 전시회를 보고 왔습니다. 수천 년의 세월을 뛰어넘어 지금 우리 눈앞에 전시되고 있는 두루마리 성경을 보면서 우리 부부는 엄청난 감동과 전율을 느꼈습니다. 예수님께서 회당에서 펼쳐들고 읽으셨는지도 모를 두루마리 성경에는 다음과 같은 이사야 선지자의 글이 빼곡히 들어 있었습니다.

"그는 실로 우리의 질고를 지고 우리의 슬픔을 당하였거늘 우리는 생각하기를 그는 징벌을 받아 하나님께 맞으며 고난을 당한다 하였노라 그가 찔림은 우리의 허물 때문이요 그가 상함은 우리의 죄악 때문이라 그가 징계를 받음으로 우리는

평화를 누리고 그가 채찍에 맞음으로 우리는 나음을 받았도
다 우리는 다 양 같아서 그릇 행하여 각기 제 길로 갔거늘 야
훼께서는 우리 모두의 죄악을 그에게 담당시키셨도다"

(사 53:4-6)

드문드문 닳아서 없어지고 손상된 부분이 많이 있지만, 이사야 선지자의 글에는 예수님께서 이 땅에 오셔서 고난을 당하실 것이라는 내용이 자세히 적혀 있었습니다. 저는 그 두루마리와 그것에 적힌 내용을 해석한 부분을 읽어가면서 우리를 향하신 하나님의 사랑을 가슴 저리도록 깊이 깨닫게 되었습니다.

지난 10년 동안 기록한 영적 일기에는 저와 우리 가족이 하나님과 동행한 모든 것이 기록되었다고 해도 과언이 아닙니다. 하나님과의 인격적인 만남에서부터 시련과 연단을 통한 성장의 과정, 그리고 때를 따라 역사 하시는 하나님의 은혜와 성령님과의 교제 등이 모두 적혀 있습니다. 이것을 보고 있노라면 불신자라 할지라도 살아계신 하나님을 부인하지 못하리라고 생각됩니다. 저는 우리 아이들에게 가끔 말하곤 합니다. "우리가 너희한테 물려줄 것이라고는 믿음밖에

없다. 이 일기책을 남겨 줄 테니 엄마 아빠가 천국 간 다음에 가끔 꺼내서 보도록 하라. 여기에는 엄마와 아빠의 믿음의 역사가 모두 기록되어 있단다.

우리가 이 세상을 떠나고 없을지라도 이 믿음의 일기책을 우리 아이들이 나중에 읽어봄으로써 수십 년의 세월을 뛰어넘어 우리가 만난 하나님을 만나게 될 것입니다. 또한, 그 아이들도 역시 우리와 같은 믿음의 삶을 살아갈 것이며 세상을 떠날 때 이 영적 일기를 그 자손들에게 물려주게 될 것입니다. 아브라함의 하나님 이삭의 하나님 야곱의 하나님이 우리 할아버지의 하나님 우리 아버지의 하나님 그리고 나의 하나님으로 불리게 될 것입니다. 우리의 자손들은 영적 일기를 통해 성경의 모든 말씀이 사실임을 깨닫게 될 것입니다.

새 포도즙

주님과의 기도가 많이 채워질수록
나는 하루를 감사하게 되지요
시골 농장에서 농부의 바쁜 하루는 감사의 기도입니다

어릴 적 포도즙을 가득 짜 내시던 할머니의 손놀림은
새 포도즙을 어서 빨리 채우시려는 듯
빠르게 움직이셨습니다

주님과의 기도도 포도즙을 채우는 것 같이
빠르게 담아내는 움직임 같군요
네 즙 틀에 포도즙이 넘치리라 하신 그 말씀이
오늘도 기도가 되어 내게 채워지네요

주님! 제게 새 포도즙의 채워짐같이
기도의 잔을 가득 채우게 하소서 아멘

마치는 글

마치는 글

　이제 영적 일기에 대한 글을 마치려 합니다. 저는 어제 기도하다가 하나님께서 주시는 말씀으로 글을 맺으려 합니다. 사실 요 며칠 동안 책을 쓴다는 핑계로 기도를 제대로 하지 못했습니다. 그런데 제 마음 가운데 성령님께서 기도하라는 사인을 주셨습니다. 그래서 곧바로 기도 방에 들어가 기도를 하기 시작했습니다.

　찬양을 하고 기도를 시작하는데 성령님께서 갈급한 제 심령을 어루만지기 시작했습니다. 저는 하나님의 임재 안에서 부르짖어 기도했습니다. 아버지 앞에 기도하지 못한 죄를 회개하고 연약한 저를 긍휼히 여겨달라고 부르짖었습니다. 그러자 예전에 성령님께서 저에게 주신 천명의 알곡 성도를 거두라는 말씀이 떠오르며 그들을 위해 기도하고, 또한 죽어가는 많은 불쌍한 영혼을 위해서 기도하도록 그들을 더욱 긍휼히 여기는 마음을 달라고 기도했습니다. 성령님께서는 저를 한없이 울게 하셨습니다. 얼마나 눈물 흘리며 방언으로 기도했는지 모릅니다. 한참 후에 하나님께서 말씀하셨습니다.

"사랑하는 나의 종들아 나 야훼는 너무나 슬프도다
내 마음이 너무나 아프고 슬프구나
수많은 영혼들이 나의 거룩한 집에 들어오지 못하고 있다
그 수많은 영혼들은 재해와 지진으로 생명을 잃고 지옥으로 떨어지는구나
나의 마음이 아프고 아프고 또 아프도다
나의 딸아 아들아 그들을 위해 기도해다오
이 마지막 때 나는 내 종들을 사용하길 원하노라

나의 사랑하는 종들아 만약 너희 자녀가 지옥불에 떨어진다면 기뻐할 부모가 어디 있겠느냐
가슴이 천 갈래 만 갈래 찢어지고 아프고 슬프지 않겠느냐
나 야훼도 그러하도다 나는 너희 종들의 기도로
많은 영혼들을 구원하길 원하노라

나의 사랑하는 딸아 내가 너를 사랑하노라
너는 왜 내게 부르짖어 기도하지 않았느냐
네가 간구한대로 기도할 수 있는 방이 딸린 좋은 집을

너에게 주었는데 너는 그동안 무릎의 기도로 간구하지 않았다
기도하기를 쉬는 것은 죄이니라
오늘날 많은 부유한 영혼들이 안락한 생활만을 추구하며 기
도를 하지 않고 있다

그러므로 그들은 마귀의 밥이 되어가고 있으며
생활은 부유할지 몰라도 그들의 영혼은 날로 피폐해져
죽어가고 있다
너는 그들을 위해 기도하라

나의 종들아 너희는 내가 보내는 곳으로 가라!
믿지 않은 영혼들은 음란과 우상숭배와 거짓 진리에
현혹당하며 무너져 지옥으로 가는구나

어찌하리요 어찌하리요
나의 종들아 몇 만 배의 셀 수 없는 슬픔이
나를 아프게 하는구나
지금은 깨어 기도할 때임을 새기고 새겨라
멸망으로 치닫고 있는 그들의 영혼을 긍휼로 불쌍히 여기며
기도하라
종들의 긍휼을 간구하는 기도에 나의 구원을 베풀리라

제가 기도를 하고 있을 때 주님은 울고 계셨습니다. 주님의 그 마음이 그대로 전달되는 것 같이 제 마음이 너무도 시리고 아파서 저는 한없이 울고 또 울었습니다. 우리를 위해 이미 십자가에 못 박히신 주님이 슬피 우시는 것을 보자 저는 견딜 수 없었습니다. "주님, 제발 너무 슬퍼하지 마세요. 주님이 슬퍼하시는 모습을 저는 더 이상 볼 수가 없어요. 주님이 가라고 하시면 갈게요. 저희를 사용해 주세요. 저희가 주님의 눈물을 닦아 드릴게요."

하나님께서는 제가 주님께 나아가지 않은 것에 대한 책망과 죽어가는 영혼들을 위해 기도하지 않은 것을 회개케 하시고, 믿음에 대한 말씀을 주심으로 하나님께서 1년 전에 우리에게 주신, 우리를 통해 이루실 일들에 대해서 다시 기억나게 하셨습니다.

"믿음은 바라는 것들의 실상이요 보이지 않는 것들의 증거니 선진들이 이로서 증거를 얻었느니라"(히 11:1)

"믿음이 없이는 하나님을 기쁘게 못하나니 하나님께 나아가는 자는 반드시 그가 계신 것과 또한 그가 자기를 찾는 자들에게 상주시는 이심을 믿어야 할지니"(히 11:6)

또한 "너희는 나를 신뢰하라"는 말씀을 주시면서 "너희 안에서 행하시는 이는 하나님이시니 자기의 기쁘신 뜻을 위하여 너희에게 소망을 두고 행하게 하시나니"(빌 2:13)의 말씀을 생각나게 하셨습니다.

저는 하나님께서 주시는 말씀과 성령의 감동 하심을 통하여서 다시 한 번 우리의 사명을 확고히 깨닫게 되었습니다. 그동안 저희 부부는 주님께서 우리에게 주신 비전을 놓고 기도를 하지 않았던 것을 알게 되었습니다. 저는 작년에 쓴 영적 일기를 꺼내서 읽어보기 시작했습니다. 불과 일 년 전 우리 부부에게 주신 하나님의 명령은 이 땅을 떠나 해외선교를 나가도록 기도로 준비하고 있으라는 것이었습니다. 그러나 난생처음 외국에 나가서 사역을 감당한다는 것에 대한 부담으로 저희는 국내 목회에만 만족하게끔 우리 스스로를 합리화시켰던 것입니다. 이제 하나님의 말씀이 임하자 저와 남편은 다시금 주님이 주신 사명으로 마음을 새롭게 할 수가 있었습니다.

우리는 모두 하나님의 일을 하기 위하여 부름 받았습니다. 주님은 우리 모두에게 증인의 사명을 부여해 주셨습니다.

> "오직 성령이 너희에게 임하시면 너희가 권능을 받고 예루살렘과 온 유대와 사마리아와 땅 끝까지 이르러 내 증인이 되리라 하시니라"(행 1:8)

이와 같이 증인된 사명을 깨닫고 행하는 자가 성령 충만한 사람입니다. 외적인 은사나 능력이 나타나야만 성령 충만한 것이 아닙니다. 모든 나무는 그 열매를 보아야 안다고 했습니다. 행함이 없는 그리스도인들은 성숙한 그리스도인이라 할 수 없습니다. 오늘날 많은 사람들의 영혼이 잠들어 있습니다. 그들의 영혼을 우리는 모두 흔들어 깨워야 할 것입니다. 그들로 하여금 주님의 음성을 듣게 해야 합니다.

> "진실로 진실로 너희에게 이르노니 죽은 자들이 하나님의 아들의 음성을 들을 때가 오나니 곧 이때라 듣는 자는 살아

나리라"(요 5:25)

하나님 아버지의 마음은 오직 죽어가는 불쌍한 영혼들에게 향해 있습니다. 지금은 기도할 때이며 복음을 더욱더 급하게 전할 때임을 피부로 절감할 수 있는 시대입니다. 이 마지막 때에 기도로 더욱 깨어서 주님 오실 날을 기다리는 여러분이 되시기를 바라며 그날이 올 때까지 저는 영적 일기를 계속 써 나갈 것입니다. 하나님께서는 영적 일기를 써나가는 분들에게 하나님 나라의 크고 비밀한 일들을 보여 주십니다. 영적인 비밀은 유지되고 또 전해져야 합니다. 우리가 바라고 받은 것들을 기록하십시오.

"야훼께서 빈궁한 자의 기도를 돌아보시며 그들의 기도를 멸시하지 아니하셨도다 이 일이 장래 세대를 위하여 기록되리니 창조함을 받은 백성이 야훼를 찬양하리로다"
(시 102:7)

아무쪼록 이 책을 읽으시는 많은 분들도 저와 같이 영적 일기에 동참할 것을 바라 마지않습니다. 영적 일기는 살아계신 하나님의 역사를 체험케 함으로서 저와 여러분의 믿음과 사명을 날마다 새롭게 무장시켜줄 것입니다.

영적 일기의 비밀

인쇄일	2008년 07월 30일
발행일	2008년 08월 10일
지은이	김예닮
펴낸이	장사경
편집장	강연순
해외마케팅 팀장	장미야
마케팅	한영휴, 김진헌, 이현빈
편집디자인	김은혜
경영총무	조자숙
펴낸곳	Grace Publisher(은혜출판사)

주소 서울 종로구 숭인 2동 178-94
전화 (02) 744-4029 **팩스** 744-6578
출판등록 제 1-618호(1988. 1. 7)

ⓒ 2008 Grace Publisher, Printed in Korea
ISBN 978-89-7917-837-1   03230

이 출판물은 저작권법에 의해 보호를 받는 저작물이므로 무단 전재와 무단 복제를 할 수 없습니다.